eye

守望者

——

到灯塔去

Making
the
Familiar
Unfamiliar

Zygmunt Bauman
in Conversation
with Peter Haffner

〔英〕齐格蒙特·鲍曼 〔瑞士〕彼得·哈夫纳 著

王立秋 译

将熟悉变为陌生

与齐格蒙特·鲍曼对谈

Zygmunt Bauman
Peter Haffner

南京大学出版社

ZYGMUNT BAUMAN: DAS VERTRAUTE UNVERTRAUT MACHEN.
Ein Gespräch mit Peter Haffner
by Zygmunt Bauman & Peter Haffner
Copyright © 2017 by Peter Haffner
Originally published in German by Hoffmann & Campe, 2017.
Published by arrangement with Liepman AG Literary Agency, through
The Grayhawk Agency Ltd.
Simplified Chinese Edition Copyright © 2023 by NJUP
All rights reserved.

江苏省版权局著作权合同登记　图字：10 - 2022 - 129 号

图书在版编目(CIP)数据

将熟悉变为陌生：与齐格蒙特·鲍曼对谈／(英)
齐格蒙特·鲍曼，(瑞士)彼得·哈夫纳著；王立秋译.
—南京：南京大学出版社，2023.7(2025.1重印)
ISBN 978 - 7 - 305 - 26938 - 7

Ⅰ.①将… Ⅱ.①齐… ②彼… ③王… Ⅲ.①鲍曼
(Bauman，Zygmunt 1925 - 2017)-社会学-思想评论 Ⅳ.
①C91 - 095.61

中国国家版本馆 CIP 数据核字(2023)第 083902 号

出版发行　南京大学出版社
社　　址　南京市汉口路 22 号　　　　邮　编 210093
　　　　　JIANG SHUXI BIANWEI MOSHENG：YU QIGEMENGTE BAOMAN DUITAN
书　　名　将熟悉变为陌生：与齐格蒙特·鲍曼对谈
著　　者　[英]齐格蒙特·鲍曼 [瑞士]彼得·哈夫纳
译　　者　王立秋
责任编辑　章昕颖

照　　排　南京紫藤制版印务中心
印　　刷　南京爱德印刷有限公司
开　　本　787 mm×1092 mm 1/32 印张 8.125 字数 130 千
版　　次　2023 年 7 月第 1 版　2025 年 1 月第 7 次印刷
ISBN 978 - 7 - 305 - 26938 - 7
定　　价　68.00 元

网　　址　http：//www.njupco.com
官方微博　http：//weibo.com/njupco
官方微信　njupress
销售咨询　025 - 83594756

"一切都在流动。"

目录

前　言

当我第一次拜访齐格蒙特·鲍曼的时候，我震惊于这个人和他的作品之间的矛盾。鲍曼可以说是最有影响力的欧洲社会学家，他的字里行间充满了对世道的愤怒，他辛辣的幽默感让我着迷。他的魅力让人卸下防备，他的生活之乐（joie de vivre）会传染。

1990 年从利兹大学退休后，齐格蒙特·鲍曼以快得吓人的速度出了一本又一本书。这些书的主题包罗万象，从亲密关系到全球化，从电视真人秀到大屠杀，从消费主义到赛博空间。他被称为"反全球化运动的头目""占领运动的领袖"和"后现代主义的先知"。他的读者遍及世界，他被认为是人文学领域真正罕见的学者。如今，人文学已经分裂为一个个独立的研究领域，这些山头界限分明，并受到各领域从业人员的谨慎维护。

但鲍曼的好奇心像文艺复兴人（Renaissance man），永不满足的他无视科系之分。他的思考没有把政治的和个人的分开。为什么我们失去了爱的能力？为什么我们发现做道德判断很难？他同样透彻地研究这些问题的社会的和个人的方面。

在我开始读他的书的时候，让我着迷的正是这种宏大的史诗般的世界观。哪怕你不同意齐格蒙特·鲍曼的某个论点，或者说，事实上，哪怕你完全不同意他的看法，你也没法对他写的东西保持冷漠。在用心读过他的作品后，你会以一种不同的方式来看待世界，看待自己。齐格蒙特·鲍曼把自己的任务描述为将熟悉的事物变得陌生，将陌生的事物变得熟悉。他说，这也是社会学自身的任务。

也只有这样的人才能完成这个任务。他拥有整个人类视野，看到的是完整的人；他超越了自己具体的学科，进入了哲学、心理学、人类学、历史学、艺术和文学等领域。齐格蒙特·鲍曼并不是一个关注细节、数据分析和民意调查、数字、事实或预测的人。他用宽画笔在大画布上作画，提出主张，把新的主题引入讨论并引发争论。众所周知，以赛亚·伯林在希腊诗人阿尔基罗库斯的格言"狐狸多知，而刺猬有一大知"的基础上把思想家和作家分为两类。齐格蒙特·鲍曼既是刺猬又是狐狸。[1]他引入"流动的现代性"这个概念来描述我们当下的时代，这个时代生活的方方面面——爱情、友谊、工作、休闲、家庭、社群、社会、宗教、政治和权力——都以史无前例的速度发生变化。他曾说，"我一生都在回收利用信息"。这听起来谦虚，但当你意识到要处理的材料的数量，你就不会这么认为了。

在一个充满恐惧和不安全感的时代，在许多人都被民粹主义提供的简单方案给蒙住的情况下，我们比任何时候都更需要对社会和世界中的问题与矛盾进行批判的分析。这类分析是必不可少的前提，在此基础上，我们才能思考别的方案，即便这些方案都不容易实现。虽然所有的梦想都已经破灭，齐格蒙特·鲍曼却从未停止相信一个更好的社会的可能性。他感兴趣的从来不是胜利者，而是失败者，被逐出家乡、剥夺权利的人，数量越来越多的弱势群体——不只是全球南方的有色人种中的穷人，也包括西方的劳动人口。今天，害怕"过去战后美好岁月里看似坚如磐石的基础正烟消云散"，是一个全球现象，中产阶级也不能幸免。在一种要求你接受既定的东西，要求你像莱布尼茨一样把这个世界理解为"所有可能的世界中最好的世界"的气候中，齐格蒙特·鲍曼为乌托邦时刻辩护。在他看来，乌托邦不是某幅未来空中城堡的蓝图，而是改良我们此时此地的生活境况的动力。

齐格蒙特·鲍曼把我迎进他在英国利兹的家，和我进行了四次关于他一生的工作的谈话。在他宅前迷人的花园里，椅子上长满了苔藓，过度生长的灌木盖住了桌子。幽静的花园恰与一条繁忙的街道毗邻，仿佛是要说明只有通过矛盾，事物才会变得完全清晰。九十高龄的齐格蒙特·鲍曼又高又瘦，一如既往地活泼敏锐。深思熟虑之时，他像指挥家一样做出各种各样的姿势；为了强调某个论点，他会用拳头敲打他的扶椅。在谈到死亡的前景时，他无比镇静。身为参加过"二战"的士兵、波兰犹太人和1968年波兰反犹清洗的受害者，他已经亲身经历过"流动的现代性"的暗面。后来他也成了研究这种现代性的理论家。

每次，咖啡桌上都摆满了牛角面包和松饼，各类小点心和水果挞，饼干和蟹肉慕斯，还有热饮和冷饮，果汁和波兰"康波特"（糖渍水果）。在和我分享他的思考时，我的东道主还不忘提醒我享用摆在我面前的所有美味。

齐格蒙特·鲍曼谈到了生活，以及一直为命运所阻挠的塑造生活的努力；他也谈到了在这整个过程中，一直做一个能面对镜中自己的人的努力。向我告别时，他紧握着我的双手说，他希望我也能活到他的岁数，因为每个年代虽有苦难，但也有它的美丽。

2017年1月9日，齐格蒙特·鲍曼于他在利兹的家中逝世。

我希望，在阅读过后，读者能和其他人、在其他地方把这些与鲍曼最后的谈话继续下去。

彼得·哈夫纳

2017 年 1 月

说　明

这本书以 2014 年 2 月 10 日和 2016 年 4 月 21—23 日在英国利兹的齐格蒙特·鲍曼家中与他的谈话为基础。此外，鲍曼还给我提供了包含生平信息和关于各种话题的思考的笔记，以及他当时还没有出版的《怀旧的乌托邦》（*Retrotopia*）的节选，用这些已经成文的材料的一些段落来回答我的一些问题，这样他就不需要在谈话中重复了。在某处，他也让我直接使用他 2014 年 11 月 11—12 日在《洛杉矶书评》上发表的《断开行动》（"Disconnecting Acts"）的材料来回答埃夫林·克里斯塔（Efrain Kristal）和阿恩·德·布菲（Arne De Boever）在那篇访谈中已经问过的两个问题。本书中基于所有这些已经成文的材料形成的段落一共有十来页。

我 2014 年的访谈曾以《我们生活其中的世

界》（"Die Welt, in der wir leben"）为题发表于 2015 年 7 月 4 日的《杂志》[*Das Magazin*，《每日新闻报》（*Tages-Anzeiger*）、《巴塞尔报》（*Basler Zeitung*）、《伯尔尼报》（*Berner Zeitung*）和《联邦报》（*Der Bund*）的周六增刊]。

彼得·哈夫纳

爱与性别

选择伴侣: 为什么我们正在失去爱的能力

彼得·哈夫纳（以下简称哈夫纳）：让我们从最重要的事情开始：爱。您说我们正在忘记怎样去爱。什么让您得出这个结论？

齐格蒙特·鲍曼（以下简称鲍曼）：在网上找伴侣的趋势随网上购物的趋势而来。我自己就不喜欢去商店；大多数东西，比如说书、电影、衣服，我都在网上买。如果你想要新夹克，购物网站会推给你一个目录。如果你想找伴侣，约会网站也会推给你一个目录。消费者与商品之间的关系模式变成人与人之间的关系模式。

哈夫纳：这和以前有什么不同呢？以前，人们会在农村的节庆活动上，或者，如果你住在城市，会在舞会上遇见自己未来的生活伴侣。其中也会涉及个人偏好，不是吗？

鲍　曼：对害羞的人来说，互联网肯定有帮助。他们不必担心在接近女人时会脸红。在网上，他们更容易建立联系，也不会那么拘束。但在线约会与试图按自己的欲望来定义伴侣的属性有关。

人们根据对方的发色、身高、体型、胸围、年龄，以及自己的兴趣、嗜好、偏好和厌恶来选择伴侣。这背后的想法是，我们可以用大量可测量的生理和社会属性组装出爱的对象。我们忽视了决定性的因素：人。

哈夫纳：可就算以这样的方式定义自己的"类型"，一旦与真人见面，一切不也都会发生变化吗？毕竟，那个人不只是这样的外在属性的总和。

鲍　曼：危险之处在于，关系模式的形式变了。人与人的关系，变成人与日用品的关系。我不会发誓对一把椅子忠诚——为什么我要发誓将这把椅子当作我的椅子，至死不渝呢？如果我不再喜欢它，我会买一把新的。这不是一个有意识的过程，但我们学会了以这样的方式看待世界和人。当我们遇见更有魅力的人时，会发生什么？就像对待芭比娃娃一样：一旦新品上市，我们就会把旧的换成新的。

哈夫纳：您的意思是，我们过早地分开？

鲍　曼：我们进入一段关系是因为我们期待从中得到满足。如果我们觉得另一个人会给我们更多的满足，我们就会结束当前的关系，开始新的关系。关系的开始需要两个人之间的约定。结束它只需要一个人。这意味着伴侣双方都生活在持续的恐惧之中，害怕自己会像过时的夹克一样被抛弃，被遗弃。

哈夫纳：好吧，任何约定从性质上说都是这样。

鲍　曼：当然。但以前，就算一段关系不令人满意，要断绝它，也几乎是不可能的。离婚很难，实际上，也不存在婚姻的替代选项。你们受苦，可你们还是得在一起。

哈夫纳：那为什么分开的自由会比被迫在一起的苦恼更糟呢？

鲍　曼：有得必有失。你有了更多的自由，

但你会因为你的伴侣也有更多的自由这个事实而
受苦。这就导致了这样一种生活，其中，人们按
租购的模式来形成关系，结成伴侣。可以丢掉关
系的人不需要努力维持关系。人只有让对方满足，
才会被认为是有价值的。这背后是这样一种信念：
持久的关系会阻碍人们追求幸福。

哈夫纳：而就像您在您那本关于友谊和关系
的书《流动的爱》中说的那样，这是错误的。

鲍　曼：问题在于这是"转瞬即逝的爱"。在
动荡的时代，你需要不会让你失望，在你需要的
时候会陪在你身边的朋友和伴侣。在生活中，对
稳定的渴望是重要的。脸书一百六十亿美元的市
值就是建立在这个需求之上，人们不想独自一人。
但同时，我们又很怕投入，怕被纠缠，怕被束缚。
我们害怕错过什么。你想要一个安全的港湾，但
同时，你又想保持自由。

哈夫纳：您和雅妮娜·莱温森的婚姻持续了

六十一年，直到她于 2009 年去世。在她的回忆录
《归属之梦》（*A Dream of Belonging*）中，她写
道，在您和她第一次邂逅之后，您就一直在她身
边。每一次，您都会感叹说"多么幸福的巧合
啊"，您碰巧要去她想去的地方！在她告诉您她怀
孕了的时候，您在街上跳起了舞并亲吻了她——
当时您身穿波兰陆军上尉军装，这个举动还引起
了一阵轰动。雅妮娜还写道，甚至在结婚数十年
后，您还会给她写情书。什么才算是真爱？

鲍　曼：在我看到雅妮娜的时候，我马上就
知道我不需要再去寻找了。那是一见钟情。不到
九天，我就向她求婚了。真爱是"我和你"彼此
陪伴、成为一体的那种难以捉摸却又无法抵挡的
快乐，是在不只对你来说重要的事情上有所改变
的快乐。被需要，甚或不可取代，是一种令人愉
快的感觉。这种快乐很难获得。如果你一直处在
只对自己感兴趣的利己主义者的孤独之中，那它
就是不可企及的。

哈夫纳：因此，爱需要牺牲。

鲍　曼：如果爱的本性就是愿意站到你爱的对象那边，支持她，鼓励和赞美她，那么，情人就必须做好把自利放到第二位，放到被爱者之后的准备，就必须做好把自己的幸福当作次要问题，当作他者的幸福的附带问题的准备。用希腊诗人琉善的话来说，人"把自己的命运抵押"给被爱者。与常识相反，在爱的关系中，利他主义和利己主义的对立并非不可调和。它们会统一、融合，最终不分彼此。

哈夫纳：美国作家克莱特·道林（Colette Dowling）把女人对独立的恐惧称作"灰姑娘情结"。她说对安全、温暖和被照顾的渴望是一种"危险的情感"，并敦促她的女性同胞不要放弃自己的自由。对于这个劝告，您不同意的点是？

鲍　曼：道林警告的是那样一种冲动，即照顾他人，并因此而失去随心所欲地追随最新潮流的可能性。消费时代，男女牛仔的私人乌托邦的典型特征，是要求自己有高度的自由。他们觉得世界围着自己转，他们追求的表演是独奏。他们乐此不疲。

哈夫纳：我出生并成长于瑞士，那时，它还不是民主国家。在 1971 年前，女人——也就是一半的人口——都没有投票权。同工同酬的原则还没有确立，在各类会议室里，女性代表人数不足。这样一来，难道女人不是更有充分的理由摆脱依赖关系吗？

鲍　曼：这些领域的平等权利很重要，但必须对女性主义内部的两场运动加以区分。其中之一是想让女人变得和男人一模一样。女人也要到军队服役，也要去打仗。她们会问：为什么男人可以杀人，我们就不行？另一场运动则想让世界变得更加女性化。军队、政治、被创造出来的一切，都是男人为男人创造的。今天的很多错误，都是这个事实造成的结果。当然要有平等的权利。但女性是否应该仅仅追求男性所创造的价值观？

哈夫纳： 在民主国家中，这难道不是必须留给女性自己的决定吗？

鲍　曼： 好吧，不管怎么说，如果女人的作用与男人在过去和现在起到的作用一样，那么，我不认为世界会变得更好。

哈夫纳： 在您结婚的头几年，您是在家庭主夫这个词出现之前的家庭主夫。您做饭、照顾两个小孩，您夫人则在办公室工作。在当时的波兰，这很不寻常，不是吗？

鲍　曼： 也不是那么不寻常，即便在当时，波兰是一个保守的国家。在这方面，共产主义者是革命性的，因为他们认为作为工人，男女平等。共产主义波兰的新鲜之处在于，很多女人在工厂或办公室工作。在那时，为养家，需要两份收入。

哈夫纳： 这使女性的地位发生了变化，也因此使性别之间的关系发生了变化。

鲍　曼： 这是一个有趣的现象。女人试图把自己理解为经济主体。在老波兰，丈夫是唯一养家糊口的人，为整个家庭负责。不过，事实上，女人也对经济做出了巨大的贡献。女人负责了大量的工作，但这没有被算进去，也没有被转化为经济价值。仅举一例，波兰的第一家自助洗衣店开业，人们可以找人帮自己洗脏衣服，这为人们节省了大量的时间。我还记得，我妈每周要花两天时间来为全家人洗、晒、熨衣服。但女人不愿意使用这项新服务。记者想知道为什么。他们告诉女人，让别人帮自己洗衣服要比自己洗便宜很多。女人们惊呼："怎么会呢？"她们给记者算了一笔账，表明洗衣粉、肥皂和用来烧水的火炉燃料的总开销，比在洗衣店洗衣服更低。但她们没有把自己的劳动算进去。她们没有这样的观念，即她们的劳动也值钱。

哈夫纳：这和西欧没什么不同。

鲍　曼：社会花了好几年的时间才习惯了这个事实：女人做的家务工作也是有价码的。但等人们意识到这点的时候，很快就只有少数人家还有传统家庭主妇了。

哈夫纳：雅妮娜在回忆录中写道，她在生下双胞胎女儿后患上了产褥热，其间一切都由您来打理。夜里，孩子——莉迪亚和伊莱娜——一哭，您就得起床，用奶瓶给她们喂奶；早上，您要给她们换尿布，把尿布洗干净，再挂到院子里晾干。您还要送大女儿安娜去托儿所，再接她回来。出去买东西时，您得在商店前排长队。您在做这一切的同时，还要完成您作为讲师的任务：指导学生，写自己的论文，并出席政治会议。您是怎样做到的？

鲍　曼：作为当时学院生活的常态，我多少能够随意支配我的时间。在必要的时候，我才去学校，去主持研讨会或讲课。除此之外，我是一个自由人。我可以待在办公室，也可以回家，散步，跳舞，想干吗就干吗。相比之下，雅妮娜得坐在办公室。她要审阅剧本。她是波兰国营电影公司的翻译和编辑。那边是有上班时间规定的，所以显然，在她上班或生病的时候，我就得去照顾孩子们。这不会带来压力，这是理所当然的事。

哈夫纳： 雅妮娜和您在不同的环境中长大。她来自一个富裕的医生家庭，您的家庭则一直生活拮据。雅妮娜很可能并没有做好准备当家庭主妇，并干做饭、打扫卫生等在娘家由用人干的活。

鲍　曼： 我是在厨房长大的。掌厨对我来说是家常便饭。在必要时，雅妮娜也会做饭。她得按菜谱来，在面前摆一本烹饪书——无聊得要死。这就是为什么她不喜欢做饭。而我小时候每天都看着妈妈在灶上创造奇迹，从无中创造出点什么。我们没什么钱，她能够把最糟糕的食材变成可口的饭菜。这样，我自然也就学会了做饭。这不是什么天赋，我也没有专门去学。我只是看着看着就会了。

哈夫纳： 雅妮娜说您是"犹太妈妈"。您到今天都还喜欢做饭，哪怕没有必要亲自动手。

  鲍　曼：我喜欢做饭，因为烹饪是创造。我意识到，在厨房里做的事情，和写作时在电脑上处理的事情很像：你在创造。那是创造的工作：有趣，不无聊。而且，好伴侣不是两个一模一样的人的组合。好伴侣相互补充。一个缺的，另一个有。雅妮娜和我就是这样。她不太喜欢做饭；我喜欢——因此，我们相互补充。

经验与回忆

命运：被历史塑造的我们
怎样塑造历史

哈夫纳：1946 年，您加入波兰的共产主义党派，波兰工人党（PPR），比当时在牛津大学万灵学院教书，后来于 2009 年去世的哲学家莱谢克·柯拉柯夫斯基早一年。

鲍 曼：在入党这件事情上，柯拉柯夫斯基和我并没有合计过。那时我们互不认识，也没见过面。回头去看，在我们回忆当时——先是在波兰，然后是流亡，最后在 1989 年柏林墙倒塌后——的感觉时，我们在这一点上是一致的：我们都曾相信，1944—1945 年波兰工人党人的计划，是唯一能让我们有理由相信自己的国家可以摆脱战前的落后和战争动乱的东西；它是唯一能够解决道德堕落、文盲、贫困和社会不义这些民族问题的计划。波兰工人党想给赤贫的农民土地，改善工厂里工人的生活条件，把工业国有化。他们想提供全民教育——实际上他们也信守了这个承诺。他们掀起了一场教育革命，并且，虽然当时经济上有裙带关系的问题，但文化是繁荣的：波兰电影、波兰戏剧和波兰文学都是一流的。今天的波兰就不再是这样了。在我的小书《生活的艺术》（*The Art of Life*）里……

哈夫纳：一本很棒的书，在您的书中，是我最喜欢的一本……

鲍　曼：在这本书中，我阐明了这样一个想法，即人生的旅途基于两个相互影响的因素。一个是命运。"命运"是那些我们无力掌控的东西的简称。另一个是命运提供的实际的选择。在哈林区出生的纽约姑娘和在中央公园附近出生的姑娘的命运不一样。她们可以做的选择也不一样。

哈夫纳：但她们都有选择，都可以选。那么，是什么决定了一个人试图实现哪些可能性呢？

鲍　曼：性格。我们不能逃避命运让我们面对的实际的选择，但不同的人会做出不同的选择，这就是性格问题。这就是为什么我们既有理由悲观，也有理由乐观：悲观，是因为对我们敞开的可能性有着不可逾越的限制，即我们所谓的命运；

乐观，则是因为和命运的情况不一样，在某种程度上，我们可以在我们的性格上下功夫。我不为我的命运承担任何责任；那是上帝的决定，如果你愿意这么想的话。但我要为我的性格负责，因为性格是可以塑造、净化和改善的。

哈夫纳：就您而言，情况是怎样的呢？

鲍　曼：我自己的路，和其他任何人一样，也是命运与性格的组合。我对自己的命运无能为力。就我的性格而言，我不会假装它是完美的，但我会为我做的每一个决定负责。那是不可逆转的。我做了我所能做的事情，单靠命运本身不足以解释它。

哈夫纳：回顾您的人生，对于过去的事情，现在的您会有什么不同的做法？

鲍　曼：我会有什么不同的做法？不，我不回答这种问题。

哈夫纳：好吧。

鲍　曼：我会有什么不同的做法？在我还很年轻，还是个孩子的时候，我写过一部小说，一部罗马皇帝哈德良的传记。在研究期间，我遇到了一个毕生难忘的句子。那个句子说的是，反思像"我会有什么不同的做法"那样的问题毫无意义。它是这样说的："要是特洛伊木马能下崽，那养马就很便宜了。"

哈夫纳："要是"这个小词的强大和无能。

鲍　曼：当然，重点是特洛伊木马不能下崽，因为它是木头做的。这就是"我会有什么不同的做法"这个问题的答案。要是你的做法不同，那后面的历史进程会发生什么变化？我不认为我自己的决定特别重要。它们是在时代的逻辑里做出的决定。我生命中发生的一些非常重要的变化与我无关，也不是我引起的。在纳粹来的时候，我不得不逃出波兹南，不得不离开波兰，这些事情既不取决于我的欲望，也不是我的意志可以决定的。我自己决定的事情，是在战后加入共产党。考虑到当时的环境，也考虑到我自己的经验，那是我当时能想到、能做到的最好的事。不止我一个人相信这点，许多人，在当时也做了和我一样的决定——包括，比如说，莱谢克·柯拉柯夫斯基。

哈夫纳：受您的影响加入波兰工人党的雅妮娜说过这样一件事。她说，在她发现自己向一位同志传递的关于她的一位女同事的信息导致该同事遭到排挤的时候，她无比震惊。她说，当时您给她的解释是，党"虽然充满了不值得信任的个体、无情的事业狂和不成熟的成员"，但依然是"支持社会正义的最强大的力量"，"要革命，就难免在无意间伤害到无辜的人"。可后来您的想法发生了些许变化。

鲍　曼：我和莱谢克差不多同时开始对波兰工人党祛魅，开始缓慢但不可避免地注意到理论与实践的脱离，并认识到言行不一的虚伪给道德带来的病态影响。我们只在一点上有所不同，那

就是幻想还能把它拉回正轨，还能从内部纠正错
误。我沉迷于这种想象的时间比莱谢克要长一两
年，我至今还为这个事实而感到羞耻。不过，后
来，在流亡中，我们的态度有了很大的分歧。我
从未加入过对立的政治阵营，更没有对之展现热
情。我仍是一名社会主义者。

哈夫纳：您曾在红军波兰师服役，战后还在
波兰内部安全部队（KBW）任过职。当时除军事
训练外，是不是还要接受政治教育？

鲍　曼：只要反抗德国占领者的战争还在持
续，这样的教育就很少。当时的唯一目标是结束
德国对波兰的占领，之后波兰会怎样，还是一个
次要问题。军事行动一结束，情况就发生了变化。
波兰内部安全部队士兵代表了波兰人口的一个横
截面。因此，观点和倾向的不同，反映了波兰社
会内部的分裂。除常见的士兵美德，政治指示的
主要主题是"波兰人最需要的是哪个波兰？"这样
一个尚无定论的问题。"马列主义与资产阶级哲

学"可能是学界的主题,但在士兵那里,问题是"工厂归谁?"和"耕地归谁?"。

哈夫纳:2007 年,德裔波兰历史学家波格丹·穆西亚尔(Bogdan Musial)攻击您是 KBW 成员,但他没找到任何证据证明您参与过谋杀、折磨或间谍活动——KBW 被指控有这样的活动。

鲍　曼:穆西亚尔在《法兰克福汇报》(*Frankfurter Allegemeine Zeitung*)上发表的文章里提到的那些真事不是新闻了。每个人都知道我在 1946—1967 年间是共产党员,以及我在所谓的"军方内部"[2]服务过几年。他的文章真正披露的只是我也为军方的情报部门工作过。当时我才十九岁,并且也只干了三年。我从未公开过这点,因为我签过一份保密文件。

哈夫纳:当时您的任务是什么?

鲍　曼:没什么特别的:无聊的办公室工作。我在宣传部。我得为新兵的理论和实践教育准备材料，写意识形态宣传手册。幸运的是，对我来说，这很快就结束了。

哈夫纳：穆西亚尔引用的一份调查是这样说"线人塞米昂"——你的代号——的："他的信息很有价值。由于他是闪族出身，行动不能用他。"您的任务是收集政权对手的信息吗？

鲍　曼：他们很可能期待我这么做，但我不记得提供过此类信息。我就在办公室里——确切来说，不是那种你会经手这种信息的地方——坐着写东西。穆西亚尔没说的是，虽然我可能为军方的情报部门工作了三年，但我也被安全局监控了十五年。我被人监视，有人写关于我的报告，我的电话被监听，我住的地方被装上了窃听器，等等。因为我是波兰政权的批评者，所以我被赶出了军队，后来又被赶出了大学，并因此被赶出波兰。

哈夫纳：在 1956 年匈牙利事件后，雅妮娜描述了您和您的家人是怎样被跟踪和虐待的。为和她结婚，您需要您在军队的上级兹基斯瓦夫·比布罗夫斯基的许可。

鲍　曼：我从比布罗夫斯基那里学会了怎样区分健康的社会机体和癌变的赘生物。他让我大开眼界，看到了我全心全意坚持的社会主义理念和波兰实际存在的社会主义——早在我被迫离开波兰之前，我就发现这个东西很难理解了——之间不断扩大的鸿沟。比布罗夫斯基向我展示了，在当时的波兰忠于社会主义的理念要求你竭尽全力为反对它被稀释和腐化而斗争。这一课我永远难忘。

哈夫纳：雅妮娜写道，1952 年，比布罗夫斯基被撤职，因为他是犹太人。

鲍　曼：我怀疑，无论如何，迟早他都会走，因为他有自己的想法。他是最优质的知识分子，一个思想开放、能够批判思考的人，他把有类似品质的年轻军官集聚到自己身边，保护他们免遭

"清洗"。在国家安全局迅速专业化的语境中，他被认为是不称职的。他以自己的信念，坚持共产主义，他反对它被滥用。他是这样一个人，他既想为政权服务，又想保留自己的人性，并因此想保护其他人的人性。但 "Amicus Plato, sed magis amica veritas"，就像被归到亚里士多德名下的那句话说的那样——我爱柏拉图，但我更爱真理。比布罗夫斯基回归自己的专业，做了工程师。之后不久，他保护过的那一小群人仿效了他的先例，我就是其中之一。

哈夫纳：您也不是自愿离开的。1953 年 1 月，您被判定为在政治上不可靠并被迫退伍。两个月后，约瑟夫·斯大林去世。当时斯大林甚至在西方也被誉为"伟人"，一个——就像雅妮娜回忆的那样——用"铁拳粉碎法西斯主义者"的人。[3] 斯大林的死给您带来什么样的感受？

鲍　曼：巨大的冲击。毕竟，我和许多比我聪明得多的人一样，十三年来一直活在这个人投下的巨大的影子下——一直在大体上相信他的智慧，依赖他的判断。哪怕如今我们已经了解斯大林政权的心理学，我还是觉得很难完全理解这种智识上的窒息。人们写了很多关于围绕斯大林的狂热崇拜的书。人们细致入微地描述过这个现象，人们也普遍承认，它不可理解得让人无望。单靠阅读诺奖得主阿列克谢耶维奇的《二手时间》还不足以让你了解那种个人崇拜，要熟悉那种体验，你得经历更糟糕的事情。尽管确切来说，她也没有能力给出一个解释，但她是最接近的，她几乎把握到了那个现象。她把谜道破，使没有亲历过的人也能瞥见其复杂性。除此之外，眼下这个噩梦也在困扰我：在不远的未来，这样的崇拜可能又会在西方流行起来。

哈夫纳：您在多大程度上被马克思主义所吸引？

鲍　曼：我相信，使我转向共产主义的，不是什么关于生产关系和生产力，关于价值理论或工人阶级的解放等的观念。我不是通过哲学或政

治经济学的门进入马克思主义的。相反，关键是
一种对现状的理解，这种理解结合了一种浪漫主
义的、反叛的看法，一种对于历史及我们年轻人
必须扮演的角色的看法。莱谢克说得很漂亮，我
们都被"一个更好的世界"，一个"平等与自由王
国"，以及那种"与巴黎公社成员、俄国革命时期
的工人、西班牙内战中的士兵情同兄弟"的感觉
吸引了。[4]

哈夫纳：雅妮娜的回忆录告诉我们，在您退
伍后，您觉得，创立百年后，马克思主义理论也
需要一种新的诠释。今天，您的看法是什么？

鲍　曼：马克思在十九世纪中期，在一个和
今天截然不同的情境中写作。但他有一些非常重
要的洞见，至今都还在指导着我的工作。其中，
我最喜欢的一个，是对社会学，对其真正存在理
由的辩护。马克思说："人们自己创造自己的历
史，但是他们并不是随心所欲地创造，并不是在
他们自己选定的条件下创造，而是在直接碰到的、

既定的、从过去承继下来的条件下创造。"[5]社会学作为一门科学的存在，就立基于此。你可以用一辈子的时间来理解这个辩护。环境已经被创造出来了，但不是我们选的。问题在于它们是怎样出现的，它们逼我们做什么，我们怎样和它们打交道，我们怎样才能改变它们。我们怎样，在当代生活条件的压力下，在了解这些条件的情况下，有意识地创造历史？这是我们存在的秘密。

哈夫纳：具体而言，对您做的那种社会学研究来说，这意味着什么？

鲍　曼：具体来说，我受到了意大利哲学家、马克思主义者和意大利共产党创始人安东尼奥·葛兰西的影响。我接受了他的那种进路，我称之为社会学诠释学（sociological hermeneutics）——注意，不要和作为社会学内部流派的诠释社会学（hermeneutic sociology）混淆。重点是人们接受的观念、他们遵循的指导原则。社会学诠释学意味着要反思社会的条件、环境和构成。我们是一个注定要思考的自然物种——智人（Homo sapiens）；
我们会体验一个东西，而不只是用身体来经受它。
经验是碎片化信息和虚假信息，我们试图从中得
出认识，创造观念，再从观念出发制订计划。与
之形成对照的是，专业诠释学从先前的观念得出
今天的观念，在过去的基础上诠释它们，揭示它
们是怎样任意地增殖、生产、交配的。但在我看
来，事情不是这样发展的。我们必须从观念转向
社会机体，试着去发现二者之间的关联。那个把
我们分成不同的政治派系、党派，使我们加入和
忠于不同势力的问题的关键就在于这样一个简单
的事实，即我们可以用不同的方式来诠释相同的
经验。葛兰西想到的是一种关于霸权观念——人
们通常所说的常识——的哲学。霸权哲学不是哲
学批判意义上的哲学。它不是由关于康德、莱布
尼茨和此类人物的专题论文构成的。定见（doxa）
是这样的想法：人们不会去思考它们，而是根据
它们来行动。它们沉积于某处，形成我们感知世
界的框架。多亏了葛兰西，我把生命中最美好的

那部分时间用来破解主流的、霸权的观念，这些观念都是对人的生活境况的反应。我试图理解为什么新自由主义突然变得流行起来，或者为什么人们对强大领导人的渴望会突然回归。在我看来，这些都是挑战。

哈夫纳： 在苏联加入贝林格将军的部队并被派往前线时，您才十八岁。后来您又回到了波兰。战争的经验、故乡被蹂躏和破坏的经验对您产生了什么影响？听说在苏联的时候，你在空闲时学过物理学。

鲍　曼： 我随在苏联建立的波兰部队回到故乡时，我的兴趣已经从自然科学转向社会科学。我的所见所闻加快了这个过程。甚至在德国占领波兰之前，波兰就已经很穷了。许多人处于失业或半失业状态；社会的不公骇人听闻。在德国占领波兰六年后，情况变得更加糟糕。人民一直被侮辱，土地被在上面推移的战线变成焦土。因此，我转向社会和政治研究并不奇怪。退伍后，我全身心地投入研究。

哈夫纳：德军镇压起义，杀死二十万居民，并把城市变成废墟。当时您所属的轻炮兵团，就驻扎在华沙外的维斯瓦河畔。1945 年 3 月，您在科尔贝格之战期间负伤并被送进军医院，之后您又参加了柏林之战。您赢得了英勇勋章。确切来说，您获得勋章的原因是什么？

鲍　曼：我不知道。他们把勋章授予我的时候，我在军医院，我是之后才得知这件事情的，并且当时我联系不上任何提名我的人。我能告诉你的仅仅是，我绝不比其他数百名波兰士兵更勇敢。我认为，我参加城市战斗对攻占科尔贝格并未起到多大作用。

哈夫纳：那柏林之战呢？

鲍　曼：我 5 月 3 日从军医院步行抵达柏林。那是战斗的最后几天了，5 月 8 日，德国人就投降了。

哈夫纳：在您的军旅生涯中，您有没有学到什么对您的思想研究有影响的东西？

鲍　曼：重建我对二十世纪四十年代的体验，有违背利奥波德·冯·兰克的要求——历史学应该"如实直书"——的风险。我唯一能肯定的是，我一直不确定自己有没有如实直书。过去充满了影射和暗示；对思辨来说，就算未来没有任何定向点（points of orientation），过去也远比未来丰产。因此，我说的是我眼下的看法，至于我有没有把后来积淀的这个多层次的东西的最深层给揭露出来，我不知道，也没法保证。

哈夫纳：具体来说，当您在华沙担任社会学教授时，您年轻时的军事经验，特别是参与解放波兰的经验，对您最早的观念有没有影响？

鲍　曼：因为《洛杉矶书评》采访我时也问过相同的问题，在这里，我要重复我 2014 年的问答："肯定有影响，不是吗？怎么会没有呢？无论是军人还是平民，生活经验都会不可避免地在人的生命轨迹上留下印记，影响我们认识世界、回应世界和选择在世界上走哪一条路的方式。经验越强烈，影响越深刻。生活经验合在一起形成一个矩阵，而人的生命旅程，就是这个矩阵可能的组合方式之一。不过，重点是，它们沉默地，也可以说秘密地、偷偷摸摸地，通过促成而非激发起作用；通过它们作为环境规定的选择范围而非通过有意识的、蓄意的选择起作用。波兰伟大科学家、"讲故事的人"斯坦尼斯瓦夫·莱姆曾半戏谑地尝试过创作一份意外的清单。这一系列的意外导致了那个名叫"斯坦尼斯瓦夫·莱姆"的人的出生。然后，莱姆根据清单来计算出生的或然率。他发现，从科学来说，他的存在近乎不可能（尽管其他人出生的或然率不比他高，同样无限地趋近于零）。所以，这里需要警惕：带着后见之明来重建选择的原因和动机有这样的危险，即把流动的说成是结构框定的，说发生的一切是逻辑——甚至是前定——使然。而事实上，发生的一切不过是一系列的既成事实而已，并且在当时，人们很少或者说根本不会去反思这些既成事实……

在这里，我回忆这些俗气而相当琐碎的真相是为了提醒你，你不能完全相信我在回答你的问题时说的话……

把战争和战后头几年的经验与后来成为我毕生学术兴趣的东西（恶的来源，社会不平等及其影响，不义的根源与工具，另类的生活方式的美德与恶习，人控制自己的历史的机会与限度）关联起来"理所当然"。但"理所当然"就对吗？了不起的波兰作家维耶斯瓦夫·梅什利夫斯基（Wiesław Myśliwski）在他最后一本小说《最后一手》[6]中，不仅用精美的散文讲述了一个迷人的故事，还用很长的篇幅来思考鲁莽、傲慢的人在自以为有序、全面、可靠地重建和重述自己的人生经历时会遭遇的各种陷阱与埋伏、考验与磨难。他在书中写道：

> 我随意地活。不觉得自己是事物的秩序

的一部分。我活在碎片中，活在当下，我随机地经历每一个事件，随波逐流。我经常会有这样的印象，有人把我生命之书上的大部分内容给撕去了，因为这些内容一片空白，或者说，因为这些内容不属于我的生活，而是属于别人的生活。

但他提出这个问题——"有人会说：'那么记忆呢？记忆不是我们的自我的守护者吗？记忆不是给了我们自己是自己而不是别人的感觉吗？记忆不是让我们变得完整，给我们打上了印记吗？'"——只是为了回答："好吧，我不会建议你相信记忆，因为记忆全凭想象，因此它也就不可能是关于我们的真理的可靠来源。"我谦恭地接受这点。

马丁·杰伊曾说，我对流动的现代性的诠释，也受到了我自己的生活经验的流动性的影响。在我的人生故事中，我一直是鸟，而不是鸟类学家（而我们知道，鸟在鸟类学记录中并不是特别重要）。我真的不觉得，我有资格超脱这个相当平庸的说法：我对自己所处、所经历过的环境的脆弱性的体验，一定会对我看到的东西和我看待事物的方式产生影响，不是吗?[7]

哈夫纳： 在德国入侵波兰两周后，您一家人乘最后一列火车逃到了苏联。差不多三十年后，您不得不再次逃离您的故乡波兰。您一开始在以色列寻求庇护，然后又搬到了英国，在那里一直待了下来。您能清点一下您的人生旅途经历过哪些阶段，住过哪些地方吗？

鲍　曼： 要把它们都列出来那就太多了。在华沙，我们——我爸妈、我姐和我——住在普鲁斯街 17 号一个租来的公寓。然后我们逃到了莫洛杰奇诺，也就是今天白俄罗斯的马拉奇耶克纳市，但当时它被红军占领，并按照苏德互不侵犯条约被并入白俄罗斯苏维埃社会主义共和国。在那里，我们住在一个农庄的一个房间里。1941 年，在德国人占领那个城市之前，我们又逃到了高尔基

（今天又叫回了下诺夫哥罗德）北部的区域中心沙胡尼亚。我们从一个寡妇那里租了一间很小的没有窗子的房间。战后，1948—1954 年，雅妮娜、我们的大女儿安娜、我，以及我父母住在华沙桑多梅日斯卡街上的一个三居室公寓。在那之后，雅妮娜和我搬到统一大道的一个两居室公寓，然后又搬到诺沃特基街，也就是今天的安德尔斯将军街。我们在那里一直住到了 1968 年，我们不得不移民时。在特拉维夫待了一阵后，我来到了英国，搬到了利兹的劳斯伍德花园 1 号，我也将在这里死去。起初，我和雅妮娜、两个女儿、岳母一起住，然后只有我和雅妮娜了。今天，我和我的第二任妻子阿莱克桑德拉·亚辛斯卡-卡妮亚一起住。

哈夫纳：1957 年，在完成博士论文后，您拿到一笔来自美国的资助，到伦敦政治经济学院学习一年。雅妮娜写道，您住在地下室一个黑暗且阴冷潮湿的房间里，以吃奶酪和馅饼维生，挣扎着学习英语，思念着家人。她说您很悲伤，感觉孤独得要命，您把钱省下来，好让雅妮娜来看您。

鲍　曼：对，一开始我挺绝望的。

哈夫纳：雅妮娜说后来情况有所好转。她来看您的时候惊奇地发现，在海德公园著名的演说角集会反对政府的人竟然不会因此被逮捕。

鲍　曼：我们非常享受一起在伦敦生活的那个月。

哈夫纳：雅妮娜在她的回忆录中写道，在二十世纪四十年代后期饱受战争蹂躏的波兰，工作很好找。建筑工地、工厂、钢铁厂、办公室、机关部门，到处都需要人手。一切皆有可能；没有任何限制。1948 年，您开始在华沙学习。当时——在战争结束三年后——大学的情况怎么样？

鲍　曼：我上的是社会与政治学院，它的教员是临时凑出来的，大多相当平庸。当时没有教科书，别的书也很少。上课的时间是晚上，因为大多数学生要工作。我认为我在那里没学到多少东西。唯一的好事是我在那里遇到了雅妮娜。我真正的教育是在拿到本科学位后，在研究生阶段，在我读硕士的地方——华沙大学开始的。在那里，我的老师们是斯坦尼斯瓦夫·奥索夫斯基（Stanisław Ossowski）、朱利安·霍赫费尔德（Julian Hochfeld）、塔德乌什·科塔尔宾斯基（Tadeusz Kotarbiński）和莱谢克·柯拉柯夫斯基级别的研究者。

哈夫纳：您博士论文的主题是什么？

鲍　曼：所谓的"文化学"的巴登学派的两位德国哲学家——威廉·文德尔班和海因里希·李凯尔特——的思想研究。他们都受到了马克斯·韦伯的启发。他们的思想是一种强调价值的新康德主义哲学。

哈夫纳：雅妮娜写道，作为普通军官，您"热爱戏剧"。当时，共产主义华沙的舞台上都演过什么戏?

鲍　曼: 当时,戏剧在波兰起到了极其重要的作用。在德国几乎把华沙夷为平地之后,剧院是最早修复的建筑之一。艺术得到了当时掌权的知识分子在财政上的慷慨支持——这是波兰历史上的第一次,也是最后一次。你可以看到弗里德里希·迪伦马特、贝托尔特·布莱希特、欧仁·尤内斯库、路易吉·皮兰德娄的戏,演员和导演都很棒。至于电影,则以意大利新现实主义、卢奇诺·维斯康蒂、朱塞佩·德·桑蒂斯、罗伯托·罗西里尼、米开朗基罗·安东尼奥尼、费德里科·费里尼的作品为主,但也有东德、捷克和匈牙利的年轻导演的作品。还有路易斯·布努埃尔,以及像让·雷诺阿那样的经典法国导演的作品。

哈夫纳: 您小时候希望自己长大以后干什么?

鲍　曼: 我自幼就对物理学和宇宙学感兴趣。我想一辈子研究它们。如果没有如此强烈地接触到人的非人潜能的话，我很可能会成为一名物理学家。但是，目睹被轰炸得满是难民的街道的经历，绝望地躲避逼近的纳粹军队的经历，以及流亡的痛苦——同时也是拯救生命的奇迹体验，这些把我变成一个流浪者，唤醒了我对人的多层次、多样的生活方式的兴趣。不过，我不曾放弃过对物理学和天文学的兴趣。

哈夫纳：您小时候读书吗？

鲍　曼：一开始，读男孩子读的那种书：詹姆斯·费尼莫尔·库珀、杰克·伦敦、赞恩·格雷、卡尔·梅（Karl May）、儒勒·凡尔纳、罗伯特·路易斯·史蒂文森、大仲马和波兰的作家如科尔内尔·马库申斯基（Kornel Makuszyński）写的一切。然后是波兰所有的，几乎是所有的经典，也包括散文和诗歌：亚当·密茨凯维奇、博莱斯瓦夫·普鲁斯、亨利克·显克微支、斯特凡·热罗姆斯基、艾丽查·奥若什科娃、尤利乌什·斯沃瓦茨基等。但在我们逃离波兹南的两三年前，我告别了儿童文学。维克多·雨果、查尔斯·狄更斯和列夫·托尔斯泰——只说几个最重要的名字——的书成了我的新食粮。

哈夫纳：您小时候父母会读书给您听吗？

鲍　曼：我父亲会在睡前读书给我听。晚上八点钟下班回来的时候，无论多累，他都会先读一章给我听，然后才上床睡觉。因此，他对印刷出来的文字的尊重和激情也感染了我。我只给你说几个我确定记得他给我读过的书的作者：儒勒·凡尔纳、安徒生、塞尔玛·拉格洛夫和斯文·赫定。我对到北方而不是到南方去旅行的偏好就要归功于斯文·赫定这位重要的瑞典探险家。

犹太性与纠结

适应：犹太人会被什么吸引

哈夫纳： 在涉及个人生活细节的时候，您一直以矜持著称。您的读者知道您思考什么和您怎样思考，却不知道您是谁或您来自哪里。您能跟我们说说您的家族史、您的父母吗？

鲍　曼： 我父亲毛里茨·鲍曼（Maurycy Bauman）1890 年出生于当时普鲁士境内的一个小集镇斯武普察（Słupca）。他 1960 年于以色列的吉瓦特·布伦纳集体农场（Givat Brener kibbutz）去世。他是一个自学成才的人。除了上过传统的犹太宗教学校——所谓的"赫德尔"（חדר）[1]——外，他没有受过任何正式教育。他父亲在村里开了一个小店，有七个孩子，不能或者说不会资助他继续上学。我父亲自学了几门语言。他对阅读充满热情，自己也会写点东西。他去世后，留下了用意第绪语写的大量手稿。我和集体农场里的人都看不懂这些手稿。不幸的是，我的姐姐泰奥

---

[1] 希伯来语。英文为 cheder，意为"犹太儿童宗教学校"。（本书脚注如无特殊说明，皆为译者注。）

菲拉（Teofila）——她于 1938 年移民至巴勒斯坦
并在同一个集体农场生活[1]——把他所有的文件
和写字本都扔进了垃圾箱。

哈夫纳：您的祖父母信教吗？

鲍　曼：我祖父是一名守教规的正统犹太人，
但他不懂那些精妙的神学或文化，或者说他没兴
趣。相比之下，我的父亲生活在智慧的世界里，
他终生远离一切实际的事物。而他越是培养自己
的这一面，他在宗教上也就变得越不正统。每年，
只在赎罪日[2]那天，他会斋戒、去会堂。他很早

---

[1] 此处涉及巴以冲突的历史。自以色列建国以来，该地区的归
　　属有变动。以色列建国于 1948 年 5 月 14 日在巴勒斯坦部分地
　　区成立。姐姐移民时，此集体农场尚属于巴勒斯坦。下文哈
　　夫纳提问时曾说"您母亲之前也想去巴勒斯坦吗？""您几乎
　　不和您姐姐——在以色列生活的泰奥菲拉联系"。因前者在
　　1948 年前，故表述为"巴勒斯坦"；后者在 1948 年后，表述
　　为"以色列"。

[2] 赎罪日（Yom Kippur），犹太人一年中最重要的圣日，在新
　　年过后的第十天，这一天是犹太人一年中最庄严、最神圣的
　　日子。对于犹太教徒而言，这还是个"禁食日"，在这一天
　　完全不吃、不喝、不工作，并到犹太会堂祈祷，以期赎回他
　　们在过去一年犯的或可能犯下的罪过。

就变成了世俗的犹太复国主义者，并且一辈子都如此。可以说，犹太复国主义就是他的宗教。

哈夫纳：您母亲呢？

鲍　曼：我母亲索菲亚 1884 年出生于弗沃茨瓦韦克（Włocławek），它在当时是一个区域中心城市。1914 年之前，俄罗斯人统治着那里。1917年，在我父母结婚的时候，德国人攻占了那座城市。我外祖父有一家生产建筑材料的工厂。母亲出生于有钱人家，受过高等教育。她热爱文化，满怀抱负。她在厨房度过的那些年里，这些雄心壮志都受挫了。就像我之前提到的那样，她在厨房里钻研烹饪的炼金术，那一定成了她宣泄创造渴望的出口。事实上，从 1939 年到她 1954 年去世的那个时期，这反倒变成她的优势。在那些年，到处急需像她那样有独特的烹饪技艺的人。先是苏联的战时食堂，然后是战后华沙的简易餐馆。

哈夫纳：您父母是做什么工作的？

鲍　曼：在他们结婚的时候，我的外祖父莱昂·科恩（Leon Cohn）把波兹南的一个小纺织品商店给了小两口。我父亲特别不适合经商，他永远在思考他读到的一切——很快，他就破产了。他失业了一段时间，甚至尝试过自杀。后来，他在波兹南一家大书店找了份簿记员的工作。我们在苏联的那几年，以及我们1946年回波兰后，他都在干这个，在以色列集体农庄（他是在我母亲去世后移民过去的），他也是簿记员。

哈夫纳：您父亲是在政治"解冻"时期移民出去的。这个时期始于赫鲁晓夫在苏共二十大上谴责斯大林之后。波兰的犹太人（其中一些在波兰共产党内和公共安全部任职，即臭名昭著的秘密警察）比以往更招人恨。新一波反犹主义浪潮使波兰统一工人党的领袖瓦迪斯瓦夫·哥穆尔卡打开国门，允许波兰犹太人向以色列移民。当时您父亲已经年近七十，您母亲刚过世。但您父亲还是抓住机会，申请了护照。他1957年2月拿到护照并移民。您母亲之前也想去巴勒斯坦吗？她也和您想死在先祖的土地上的父亲一样支持犹太复国主义吗？

鲍　曼： 在我父母家，丝毫没有犹太复国主义的氛围。我母亲觉得自己完全是波兰人。她绝不会迁就我父亲移民以色列的梦想。他得等她去世了才行。然后，他搭上了能走的第一条船。早在他之前，我姐姐泰奥菲拉就移民了。搬去巴勒斯坦的时候，她还是一个变化无常、完全不关心政治的青少年。还在波兹南的时候，她很可能都说不出什么是犹太复国主义。这倒是证明了我们父亲拥有令人难以置信的自由主义态度：他想让我们诚实、幸福，不管我们对自己的生活做什么样的打算，他从不干涉。在纳粹入侵前，我父母把泰奥菲拉送去了以色列。他们不想拿自己女儿的生命冒险。1938 年，一名二十岁的巴勒斯坦男子来波兹南参加国际贸易博览会。他遇到我姐并爱上了她，我父母抓住了机会。泰奥菲拉是以他妻子的身份移民过去的。后来，我父亲也去了她的集体农场。不久，他在那里发现，现实辜负了他毕生的犹太复国主义梦想。

哈夫纳： 雅妮娜写道，您和父亲吵了一架，因为他去以色列驻华沙大使馆咨询移民事宜。那是 1952 年后的事。因为您父亲这次"与西方的接触"，1953 年 1 月，您立刻就被逐出了军队。您被列为不受欢迎的人，您在军队的老同志们也都回避您。后来，您和您父亲和好了，但您几乎不和您姐姐——在以色列生活的泰奥菲拉联系。这是为什么？

鲍　曼： 1938 年，泰奥菲拉离开波兹南之后，我就不怎么和她联系了。我们将近十五年没有任何联系，在后来的二十五年里，我们只是偶尔有书信往来。1968 年到 1970 年，我在以色列见过她的儿女和孙子孙女，但老实说，我与他们交谈的机会非常有限，既因为兴趣不同，也因为语言障碍。离开以色列后，我们就彻底断了联系。1999 年，泰奥菲拉于吉瓦特·布伦纳集体农场去世。

她有一个女儿和两个儿子，还有第二任丈夫那边的一个继子。

哈夫纳：您的童年是怎么度过的？您是和其他犹太孩子一起长大的吗？

鲍　曼：我们是波兹南耶泽策区唯一的犹太家庭，我是该区小学里唯一的犹太学生。1938年，上中学时，我才第一次遇到同龄的犹太男孩。我们一共四人，学校最多也只招四人。贝尔格中学（The Berger secondary school）是唯一一所限额接收犹太学生的学校。我班上所有非犹太男孩都是童子军。我记得自己很羡慕他们。来自"学校长凳犹太区"（他们这么称呼我们坐的地方）的男孩不能加入童子军。但在我的新朋友中，有一个是隶属犹太复国主义运动社会主义分支的青年团体"青年守卫者"（Hashomer Hatzair）的活跃成员。他向我介绍了那个团体。它有点像犹太童子军，巴登·鲍威尔运动的波兰版。几个月后，战争爆发，而我最终去了苏联。我的转变很简单：我只是丢掉了一直以来松散地、做作地附属于"社会主义"
的"犹太复国主义"部分。苏联的团体，比如说
苏联共产主义青年团（Komsomol），并没有族群
之分。

哈夫纳：鲍曼（Bauman）这个姓氏是怎么
来的？

鲍　曼：带两个"n"的"Baumann"是德语
的拼法。在我们回到波兰，德国人离开之后，我
父亲把我们的姓注册为只有一个"n"的
"Bauman"。至于确切是什么时候，是怎么做的，
我不知道。我没有亲眼见证，我没法证明。

哈夫纳：您的妻子雅妮娜还是一名十四岁的
少女时，她在华沙犹太区经历过纳粹主义的恐怖。
她的家人几乎都遇害了。她不想离开波兰吗？
1948 年 5 月 14 日，以色列建国，成为世界犹太人
的避风港。

鲍　曼：因为她在纳粹占领下的波兰的可怕

经历，在我遇到她的时候，她已经决定移民去以色列。最终，她同意留在波兰。说服她并不难，因为她对犹太复国主义一无所知，也没多大兴趣。

哈夫纳：雅妮娜写道，你们为此争吵，但后来，都留在波兰的决定又奇怪地让她自己松了一口气。

鲍　曼：她觉得波兰是她的祖国。在她心中，以色列的形象从一位慈爱的生母最终变成冷酷的继母。

哈夫纳：雅妮娜写道，您认为犹太复国主义与共产主义矛盾，为无家可归、被围攻、被迫害的犹太人建立一个"堡垒"，是在搞一种新的民族主义。随波兰军队回家时，您有没有目睹过大屠杀呢？

鲍　曼：我所在的炮兵团抵达卢布林时，我最先看到的几件事物之一，就是马伊达内克集中营。马伊达内克是纳粹在被占领的波兰建立的最可怕的灭绝营之一。当时，那里仍到处都是成堆的尸体；清除尸体的工作才刚刚开始。但和刚逃脱被送进灭绝营的命运的雅妮娜不一样，我从未在这个恐怖、非人的世界中生活过。谢天谢地，和大多数人一样，我只读到过、听说过它。

哈夫纳：在您的书《现代性与大屠杀》中，您提出了这样一个充满争议性的论题，即工业化地灭绝人类的想法是现代性的，而非德国民族主义特有的产物。那么，今天还会出现奥斯维辛吗？如果会，那会在什么情况下出现？

鲍　曼：现代不是一个种族灭绝的时代。它只是使实施种族灭绝的现代方式成为可能。它通过像工厂技术和官僚制那样的创新，尤其是通过这样一种现代观念来搞种族灭绝：我们可以改变世界，甚至是颠覆世界，我们再也不用接受以前那种想法了——就像中世纪欧洲人相信的那样，就算不喜欢，我们也不能干涉上帝的创造。过去，人们是得忍受一些东西的。

哈夫纳：我们可以完全按照自己的意愿来重塑世界了。

鲍　曼：这就是为什么现代也是一个毁灭的时代。对进步和完美的追求使灭绝无数的人成为必然。这些人被认为不可能适应人们想要的那个完美计划。毁灭就是"新"的本质，消灭一切不完美正是实现完美的条件。纳粹主义是这个现象最明显的例子。他们力图一劳永逸地根除人的境况中一切不受管制的、随机的或难以控制的元素。

哈夫纳：是上帝之死开启了这扇门吗？虽然事实上，在更早的时代，比如说，在十字军东征时期，人们也会以上帝的名义相互杀戮。

鲍　曼：现代的野心是把世界置于我们自己的管理之下。现在，掌舵的是我们，不是自然，也不是上帝。上帝创造了世界。但既然他缺席或者说死了，那我们就要自己管理，再造一切了。消灭欧洲犹太人只是一个更大的计划的一部分，那就是以德国人为中心，重新安置所有人群——

这是一项骇人的事业，炫目又傲慢。幸运的是，现在缺乏执行这个计划的一个要素：极权（total power，总体的权力）。只有纳粹德国才能执行这种计划。在不那么极权的国家，像是墨索里尼统治下的意大利或佛朗哥统治下的西班牙，这是不可能的。这个要素，现在的世界不存在。上帝保佑情况不会发生变化。

哈夫纳：可人们对此的理解经常截然相反，认为它是一种对野蛮的回归，是对现代性、对现代文明核心原则的反叛，而非现代性的延续。

鲍　曼：那是一种误解。这源于这样一个事实，即这些计划是那些核心原则的极端的、无限激进的表现，而推进这些计划的人则做好了抛除一切顾虑的准备。他们只是在做其他人当时也想做，却不够坚定或无情到真去做的事情，而我们今天也在以一种不那么引人注目、不那么令人讨厌的方式做那些事情。

哈夫纳：您的意思是？

鲍　曼：拉开人与人之间的距离，把人的互动自动化，我们还在追求这些东西。今天所有的技术，归根结底都在做这个。能够尽可能避免人与人的接触，被认为是进步。结果，我们也就能毫无顾虑地行动。而在直接面对一个人的时候，我们不可避免地会有这样那样的顾虑。

哈夫纳：犹太人最早体会到现代人的境况——“纠结”。您也在理论层面上讨论过“纠结”的问题。

鲍　曼：犹太人最早暴露在纠结面前。他们无意间发现了这个新世界，如果你愿意的话，可以说他们是纠结的先驱。他们率先进入了这种状态，而这种状态也是我们生活其中的流动的现代性的特征。

哈夫纳：您关于纠结概念的思考在多大程度上基于您在波兰所经历的反犹主义的影响？在

1968 年 3 月的骚乱中，您失去了教职并离开波兰。

鲍　曼：我想，那段经历很有帮助。研究自己灵魂的逻辑是非常困难的。你永远只能回溯性地、带着后见之明和事后获得的知识来考察，别无他法。问题是，在我开始思考纠结的问题时，我是不是真的意识到我今天回顾时看到的那些动机。那是我当时思考的一部分吗？还是说，我只是在后来，在事后获得的知识的帮助下才想到的？我说不准。

哈夫纳：可能两种情况都有。

鲍　曼：从逻辑上说，你假设它和我在波兰的经历有关是对的。和华沙所有同化了的犹太人一样，我也和"波兰性"有过一段戏剧性的恋情。我爱上了波兰的文化、波兰的语言、波兰的文学、波兰的一切，但我被剥夺了属于波兰的权利，因为我是一个异乡人。关于这个话题，我大学的一位老师，著名波兰哲学家塔德乌什·科塔尔宾斯基——他在业余时间也写抒情诗——说得很贴切。

我还清楚地记得他关于这个主题的那首诗。那本诗集的名字是《快活的悲伤》（*Cheerful Sadness*）。

哈夫纳： 一个矛盾的书名——一种情感的纠结！

鲍　曼： 科塔尔宾斯基是一位逻辑学家；他讨厌纠结。纠结让他不安，他反抗纠结。但他非常善于捕捉纠结。它给了他写作的灵感。那首诗写的是一个大地主的有社会主义倾向的儿子。他不是投机分子，不是个野心家。他真想参与进去，想帮助建设一个更好的社会。他问："我做什么，你们才能接受我？"对方回答："你得不是地主的儿子。"

哈夫纳： 这和（让犹太人）不是犹太人一样不可能。

鲍　曼： 我不可能，也不想不是我所是的东西：忠于犹太传统，同时也忠于波兰传统。我把自己定义为波兰人，直到今天，我也这么认为。

你可能已经注意到，给我的书写评论的人总说我
是波兰社会学家。但对一个犹太人来说，要被那
样称呼，你得离开波兰。

哈夫纳：现在，您已经在英国生活了四十多
年。波兰的食物呢？您还吃甜菜汤、猎人炖肉、
苹果鸭吗？

鲍　曼：不常吃，因为得去波兰店买食材。
不是哪里都买得到的。但当然了，我爱波兰菜。
我尤其爱甜菜汤和波兰饺子——波兰版的意大利饺
子。有个东西在波兰非常流行，但直到最近——来
自波兰的移民潮开始之后——才能在英国搞到，
那就是鲱鱼。这里的人都不知道这个东西。但现
在你能买到鲱鱼了。［鲍曼朝一个装牛角面包和其
他糕点的碗做了个手势。］你还没尝这些法国美食
呢！来，别客气。这可是专门为你烤的！

哈夫纳：非常感谢！

鲍　曼：你怎么不吃草莓？你一定要试试，

它们美味极了!

哈夫纳: 您总是准备这么多食物,我都不知道从何吃起了!而且我觉得在专心谈话的时候很难想到吃东西,特别是考虑到话题之严肃。我们说到哪儿了?啊,对了,卡尔·马克思,也是犹太人。您是否也为人们对待您的方式感到失望呢?因为您曾认为,波兰社会主义可以终结族群标签和反犹主义。您觉得那会是一个平等至上的社会吗?在这个社会中,一个人的族群、种族或语言无关紧要?

鲍　曼: 一些作者已经解释过为什么参与社会主义运动的犹太人较多。他们说,参加这些团体能使犹太人克服身份认同上的纠结心态。这些团体对潜在成员的族群出身不感兴趣,只关心忠诚和服从。族群归属无关紧要。在加入政党的那一刻,你就像蜕皮一样丢掉了你的族群出身。至少在二十世纪三十年代看起来是这样。但不久之后,这变成了一种幻觉,某些共产主义逐渐发展为民族主义。但我的确认为，共产主义运动吸引犹太人的地方就在这里：共产主义组织是唯一一个让他们感觉自己和其他人在价值上平等的地方。他们不再代表低人一等的少数。

哈夫纳：共产主义者也是纳粹最凶猛的敌人。就像希特勒在他1939年1月30日的国会演说中宣布的那样，纳粹计划"消灭欧洲的犹太种族"。[8]

鲍　曼：对，这点很重要。只有共产主义运动始终如一地反纳粹。我记得二十世纪三十年代——当时我还是个孩子——很多人说唯一的选择，是纳粹主义和共产主义之间的选择。只有这两个选项。西方民主国家对纳粹的态度非常松懈。它们把纳粹当伙伴，当政治游戏中平等的对手。犹太人感觉到要发生什么了。对他们来说，那是生死问题。可关心世界未来的非犹太人也得出了这个结论，即唯一真实的选择，是纳粹主义和共产主义之间的选择。其他人只是沉默地见证灾难。

哈夫纳：您因为是犹太人而被逐出波兰，失去了波兰公民身份。您去了以色列，但没在那里待多久。在熟悉犹太复国主义后，您发现它对您来说没有任何吸引力。为什么呢？

鲍　曼：哦，我的上帝！那是一个非常痛苦的问题。

哈夫纳：我知道。

鲍　曼：的确，我从来没有被犹太复国主义吸引。我为什么不想留在以色列呢？原因很简单。我去以色列是因为我被赶出了波兰。被谁？波兰的民族主义者。而在以色列，人们又要求我变成一个民族主义者，一个犹太民族主义者。寻求用另一种民族主义来医治民族主义，这是一个荒谬的、令人担忧的想法。对于民族主义，唯一恰当的应对方式是努力让它消失。在以色列的时候，我在以色列的自由主义日报《国土报》（*Haaretz*）上发表了一篇文章，阐述我的看法。标题大概是《为和平做准备是以色列的义务》（"It Is Israel's

Duty to Prepare for Peace"）。我在这篇文章中做
出了唯一一个事实证明百分之一百正确的预言。
在 1971 年，预言以色列社会，以色列人的精神，
他们的意识、道德、伦理等将会发生什么变化是
需要一些见识和勇气的。西方还在庆祝以色列在
六天战争中取得的胜利：一个小国打败了几个强
大的国家——大卫打败了歌利亚[1]。我写道，不
存在什么人道的占领，以色列对巴勒斯坦领土的
占领和历史上的其他占领没什么区别。它们都是
不道德的、残酷的、不公正的。被伤害的不只是
被征服的人，占领者也受到了伤害。占领在道德
上使他们受贬，并且长远来看还会削弱他们。我

---

[1] 大卫与歌利亚（David and Goliath），《圣经·旧约》中的著
     名故事，西方社会广受赞誉的弱者战胜强者的经典案例。三
     千年前，非利士人与以色列人交战。双方隔着以拉山谷对
     峙，都不敢轻举妄动。为了打破僵局，非利士人的巨人勇士
     歌利亚向以色列人叫阵，他身高两米多，身着青铜盔甲，手
     拿长矛和剑。面对如此对手，以色列人的阵营中没人敢站出
     来。最后，牧童大卫自告奋勇，愿意应战巨人。于是，传奇
     的故事就诞生了。大卫用投石器朝歌利亚发射石子，将歌利
     亚击倒后，再用巨人的剑砍下他的头颅。非利士人落荒
     而逃。

进一步预言了以色列人的心灵和以色列统治阶级的军事化。我说，军队将统治国民，而不是反过来由国民统治军队。事实的确如此，比我预言的还要过分。今天，大约百分之八十的以色列公民只知道战争。战争就是他们的自然习性。我怀疑，多数以色列人并不想要和平，部分是因为他们已经忘记了怎样在和平时期——在不能通过扔炸弹、炸房子来解决问题的时候——应对社会生活中涌现的问题。人们一直没有机会学习怎样使用其他方案——不涉及暴力的方案——来解决难题。暴力在他们的血液中流淌。它是他们看待世界的方式。以色列已经走上了绝路。我甚至没法说我对长期前景感到乐观，哪怕在其他问题上，我一向乐观。因为我真的看不到出路。我看不出有什么解决办法的原因很简单，因为我是从社会学的角度来思考的。要有出路，就得有人，有足够强大的一群人来实施一个计划。但在以色列，和平的势力被边缘化了，无足轻重。他们没有任何影响力，也没人会听他们的。

哈夫纳：就和平的意愿而言，巴勒斯坦人的情况也差不多。

鲍　曼：对，那里有着同样的不妥协、同样的不和解。巴勒斯坦人已经失望了太多次。他们已经看到承诺是怎样被打破的——多年来，以色列没有为开辟谈判空间而减少自己的要求，反而变本加厉。无论什么时候，只要以色列人和巴勒斯坦人要开紧急会议，以色列政府就会宣布建立新的定居点，夺走巴勒斯坦的又一块领土。在这个问题上，我真没法乐观。我宁可不去想它。在某种意义上，我甚至为自己快死了、不会亲眼见证这场冲突很可能以悲剧收尾而高兴。你读过我的书《现代性与纠结》（*Modernity and Ambivalence*）吗？

哈夫纳：除其他问题，那本书也谈到了犹太复国主义的问题。

鲍　曼：那本书表达了我在这个问题上的意见。毫无疑问，犹太复国主义是欧洲民族主义的产物。犹太复国主义之父西奥多·赫茨尔有这样一句口号:"把无人之地给无地之人。"整个欧洲帝国主义时代就建立在那句口号上。殖民地被认为是无人之地。殖民宗主国无视了那里已经有人了的事实。对他们来说,那些人是远离文明的野人,他们在原始环境中生活,在洞穴和森林里休憩。他们贫弱无力,可以被忽视,并且不被认为是一个问题。以色列和犹太复国主义也一样。我认为犹太复国主义是欧洲历史上帝国主义时代的最后残余。也许不是最后的——还有一些别的——但肯定是最令人惊叹的。这就是为什么犹太复国主义不过是欧洲帝国主义的变种而已。但我也能理解赫茨尔。这是那个时代的一种普遍观念:我们是一个文明的民族,我们将给这个野蛮人的国度带来文明。

智识与投入

社会学: 为什么它不应该把客观的和个人的经验分开

IV

哈夫纳：您不只在以色列行使说出自己想法的权利。让-保罗·萨特认为，批判统治阶级的意识形态和启迪人民是知识分子的任务。与之形成对照的是，米歇尔·福柯倡导"具体的"知识分子的理念：具体、特定问题上的专家。一位是代表所有人的良知、具有"普世性"的知识分子型作家；与之相对，另一位则是政治的、专注的、以权力为研究目标的知识分子。这两位思想家都影响了您。在这个具体的问题上，您更倾向于谁的立场？

鲍　曼：米歇尔·福柯观察到，这些"具体的知识分子"已经取代了先前的"普遍型知识分子"。"具体的知识分子"知道自己的知识领域并投身其中。记者为新闻自由而战，外科医生为医院争取更多的资源，演员为剧院争取更多的资金；他们都为自己的专业兴趣而奋斗。我认为，福柯的"普遍型知识分子"概念是一种同语反复。福柯区分了普遍型知识分子和新的、"具体的"知识分子。"知识分子"从定义上说就有普遍的意思。

自这个术语在十九世纪被创造出来，"知识分子"
就被理解为这样一个人，他心系超越自己专业能
力和地位的社会的普遍利益，他反思社会的价值、
道德和生活水平。说"普遍型知识分子"，就和说
"黄油做的黄油"或"金属制的金属"一样。

哈夫纳：这意味着，在术语上，"具体的知识
分子"是矛盾的。

鲍　曼：对，这个概念自相矛盾。"具体的知
识分子"可能是受过教育的人，但他不是知识分
子。知识分子的存在，是为了观察社会上正在发
生什么，这个任务远远超越了一个人有限的个人
或专业兴趣。知识分子要为自己国家的人民服务。

哈夫纳：不过，在当前的讨论中，几乎没有
知识分子的身影。欧美的民粹主义狂潮导致在政
治讨论中，事实几乎不重要。重要的不是真相是
什么，而仅仅是人们相信什么。

鲍　曼：在这点上，我甚至比你更怀疑。追

求真相的人根本就不会涉足政治。政治和真相无
关，而和权力有关。只要有助于实现自己的目标，
那就是好的。政治便是如此。

哈夫纳：但过去，政治中还存在过类似于
"理性话语"的东西。名副其实的知识分子应该培
养这样的话语。

鲍　曼：知识分子的存在，是为了保留超越
多变的政治局势的价值。原则上，政客应该关心
当下发生的事情。知识分子的任务更加艰难。知
识分子要逆流而上，去拯救过去被丧失的可能性。
那些可能性并没有消失。它们只是被暂时丢到一
边——没有被检验或没有被实践。必须为未来的
时代保留它们。知识分子的工作是一项长期的活
动；政治是短期的。

哈夫纳：不过，重要的是，政客也不应该把
目光局限于下一次选举。问题肯定比那更长远。

鲍　曼：想象一下，要是一名政客在参加选

举时说他计划在 2060 年干成什么，那他几乎没什
么机会赢。反过来，要是他借最近的恐怖袭击、
最新的贪腐丑闻大喊口号，那他就会揽到大量选
票。要是他大谈昨天的头条新闻，大谈有百万叙
利亚人在敲欧洲的门，那他马上就会有一大群追
随者。像法国的玛丽娜·勒庞和匈牙利的欧尔
班·维克托那样的人深谙此道。他们以那样的方
式在政治上捞到了巨大的好处。但那些想揭露真
相、有远见的人呢？你都没法期望这样的人从政。

哈夫纳：现在您已经写了近六十本书了。您
一般在什么时候写作呢？是在固定的时间，还是
想写就写？

鲍　曼：我一天中的创作时间是早上。我把
白天分成生产和投资两部分。从早上 5 点到中午
12 点，我生产。我能做到的就是这点。然后我会
吃完饭，然后打个盹。白天的第二部分则专注于
投资。

哈夫纳：意思是读书？

鲍　曼：对。

哈夫纳：您很可能也得回很多邮件。

鲍　曼：的确，但大多数邮件我会直接删除——很多垃圾邮件。我没法抱怨对自己做的事情没兴趣。我这辈子不缺机会做事，我的机会比一般人多。

哈夫纳：您欣赏的一位作家乔治·奥威尔曾问过自己一个实际上绝不应该拿来问作家的问题。请允许我以他的名义来问您：您为什么写作？

鲍　曼：乔治·奥威尔是玩弄文字的高手，同时在品鉴这套"把戏"的效果上也非常严苛。他是一个精致的唯美主义者，他的作品提供了一个评判一切写作的标准。奥威尔说，他大约十六岁时，突然发现了"纯粹属于字词的快乐，就是说，字词的声音和组合"。在《我为什么写作》中，他说，如果那时写作，他想写"以悲剧收场

的大部头的自然主义小说，里面充满详细的描述
和引人注目的明喻，而且还尽是成段成段的华丽
辞藻，用词兼顾音律"。⁹我写作的出发点则正好相
反。我想和别人分享一些事情，而文字只服务于
那个目的。一旦写到纸上，我就不再关心文字。
我十一岁时给日报《我们的评论》的青年增刊投
递并发表了我的第一篇文章。它写的是法国的语
言学家让-弗朗索瓦·商博良。我刚读了一些关于
他的东西，并被他在多次失败后成功破译埃及象
形文字——几千年来一直无人阅读的文本——这
个事实给深深地打动了。我如此激动，以至于想
把这个故事告诉全世界。与之形成对照的是，奥
威尔提到的写作四大动机之一是"审美热情"：想
要"欣赏外部世界的美，或者，另一方面，欣赏
词语和它们正确组合的美"。¹⁰如果我说这是我的动
机之一，那就是撒谎了。

哈夫纳：您的风格、您的语感、您的节奏感，
以及您对写作材料的戏剧性运用掩饰了这点。

鲍　曼：在出了几本学术书后，我撞了大运：波兰科学出版社的玛丽亚·奥菲尔斯卡被指派为我的编辑。她让我大开眼界，见识到"文字"及其"正确组合之美"。这对她来说并不容易，因为她得和一个一开始满腹牢骚、性情暴躁，后来有了热情却反应迟钝的学生打交道。想起她，我既深感悔恨、良心不安，又满怀感激。她像英雄一样执行她赫拉克勒斯式的——同时也是西西弗斯式的——任务：敲打一颗有想法却不知道如何正确表达的头脑，使之对文字的魅力有所尊重和最起码的理解。关于写作这门高贵的艺术和作家应有的责任——不只是在思想的正确性上，还在语言之美上——我所知道的一切都要归功于她。我依然为自己未能符合她为我设定的高标准、为自己不能达到那个水平而羞愧。我肯定不是法国人所说的"文人"或德国人所说的"诗人"。我的手艺不是写作美文——以文学本身为目的的纯文学。但如果我有那样的技能的话，我也会感到高兴。

哈夫纳：您能详细谈谈您的写作动机吗？

鲍　曼：就我而言，最重要的是奥威尔在回答他为什么写作时列出的那四个理由中的两个："历史方面的冲动"和"政治方面的目的"。也就是说，一是"想如实地看待事物，找出真相，并把它们记录下来以供后人使用"；二是"希望把世界推向某个特定的方向，改变别人关于他们应该为什么样的社会而奋斗的想法"。[11] 我想，这就是我会追随奥威尔的地方。

就动机而言，我只能借克洛德·列维-斯特劳斯的话来说，我不驱动思想，而是让思想自己思考。在这点上，我一直能够依靠这个世界，这个迷人得令人发狂的、令人愤怒的、神秘的世界——现在如此，在我最初开始思考的时候也一样。你瞧，我已经活了很久，所以总有我不得不去理解的新话题、新问题出现。这世界上的想法取之不尽、用之不竭，要想让我停下来休息还挺难的。

哈夫纳：您的写作非常规整，似乎是为吸引读者而设计的。

　　鲍　曼：事后这么说是不对的。对自然发生的事物加以纪律约束是不可能的，不可预期的东西也没什么逻辑可言。我的想法是由世界孕育出来、传达给我的，而确切来说，这个世界并不以规矩和逻辑而著称。书必须连贯，世界却不受任何连贯性的要求约束。它不必精确、确凿。我的写作方法就像是追着逃跑的老鼠往它的尾巴上撒盐，就像波兰的民间智慧会告诉你的那样，这是一种注定失败的方法。在我的作品中，这是常态而非例外：最后的句号意味着"未完待续"——它代表一种痛苦的未完成。我试着听从米开朗琪罗给雕塑学徒的建议：你只需要凿去所有多余的大理石就行了。于是我一写完东西就开始修剪。我删去可能使读者分心、偏离主线的枝节。在最终画上句号之前，我会做很多这样的修剪，而每一个删去的枝节，都可能是另一本书的出发点。说到我为什么写作的问题，最终，我只能重复我在那本名叫《这不是一本日记》（*This Is Not a*

Diary）的小书中说过的话：

> 我猜在这里，"因为什么"这个问题比"为了什么"这个问题更合适。写作的原因很多，你可以注意到并挑选出大量可能的原因。可以说，开始写作的决定，是被"过度决定了的"。首先，除写作外，我没学会任何其他的生活形式。一天不写东西，感觉就像浪费了一天，罪恶地终止了一天，疏忽了责任，辜负了召唤。[12]

哈夫纳：您不是象牙塔里的学者。对您来说，只为专业读者写作有多重要？

鲍　曼：你知道我的声音如同旷野呼告，无人倾听。

哈夫纳：不，很多人会听。您的书被翻译为多门语言，全世界有成千上万甚至数百万人阅读您的作品。

鲍　曼：瞧，我犯过很多错，错误的判断，生活里的错误。但有一点一直没变：我想让世界变得更好。如今我一只脚已经跨入坟墓，而世界却一点儿也没变好。所以我一生的工作毫无成果。

哈夫纳：那您觉得世界是变糟了呢，还是只是不一样了？

鲍　曼：这个问题很重要，也很难回答。我关心的是怎样把文字付诸行动。这是我现在的执念。我是个老人，是属于另一个时代的人。我写作，演讲，满世界地跑，但我的命运和《文明的进程》（*On the Process of Civilization*）的作者诺贝特·埃利亚斯一样。他曾与卡尔·曼海姆合作，是西格蒙德·弗洛伊德的学生。他像弗洛伊德一样，用他在学生时代学习的那种风格写作。今天他怎么样了呢？他变成了一个老古董，一个过去时代的遗物。我害怕人们也这样看我。

哈夫纳：我不这么认为。相反，不接受我们

生活在"所有可能的世界中的最好的世界"的年
轻人——全球化的反对者，占领运动的成员，所有
拒绝赌场、涡轮和金融资本主义之现状的人——都
会引用您的作品。

鲍　曼：我不属于眼下的时代。诺贝特·埃
利亚斯并不试图写他自己的时代。他止于"二
战"。但我在努力理解和研究我不属于其中的一代
人。我想知道这代人的感受，他们在做什么。至
于我做得对不对，不该由我来判断。

哈夫纳：您的社会学研究会有追随者的，会
有学者受您的思考方式、您的方法——探索很多
人感觉到却没法表达的东西——启发。

鲍　曼：一些人觉得有用。其他人则认为我
做的事情和社会学一点儿关系也没有。

哈夫纳：那是象牙塔里的说法。那些没法让
别人理解自己而不想与人交流的学者才会那么说。

鲍　曼：我不在乎批评者怎么看我，也不在

乎他们怎么称呼我。对我来说，重要的是我做的事情有没有在和某个人对话，有没有回应他或她的情感和需求，还是说一点儿用也没有。科学领域之间的界限是由官僚制的要求设定的。有行政的要求；要拨经费、分配学生、颁发博士学位。而这一切的副作用之一是阻止不同学科的结合。就社会学——专门研究人的生活的科学——而言，这尤其是一个损失。人不在学科的界限里生活。他们不会在早上学习心理学，在中午搞经济学，在深夜研究政治学。从人的经验来看，这些都是人为划分的。

哈夫纳：所以您是一个文艺复兴人、一位普世的学者，对一切有趣的东西感兴趣。

鲍　曼：不，我不是那样的人，因为有一个决定性的差异。自文艺复兴时期至近代，人们有这样一个优势：他们还能有这样的世界观，认为世界是一个全面的整体。他们还有能力处理一切信息，使之变得通俗易懂。在约翰·斯图尔特·

穆勒出版他的《政治经济学原理》的时候，画家
约翰·拉斯金、生物学家查尔斯·达尔文和作家
查尔斯·狄更斯都评论过这本书。今天，这样的
事情是不可想象的。一本关于经济学的书！来自
各行各业的个体都认为有义务做出回应，因为这
是一个文化事件，而他们都是文化人士。这就是
文艺复兴人的优势。他们生活在知识迅速扩张、
分化为专业学科之前。我们离那个时代很远了。
你可能也知道，《纽约时报》的周日版——单一
期——包含的信息，比文艺复兴人一辈子消化的
信息还多。

哈夫纳： 可您还是有着文艺复兴人的好奇心。

鲍　曼： 小时候，我相信我们的知识不足以
了解我们应该做什么。我相信，需要更多的研究、
更多的书，然后我们就会知道该做什么了。今天，
我认为情况正好相反。在制订合理的行动计划时，
我们面临的困难不是信息不足，而是信息过剩。
这是我们的日常体验。如果你上谷歌搜某个问题

的答案，你会得到数百万个结果。你怎么可能把它们全部看完？一辈子的时间都不够用。我们生活在一个信息满溢的世界，同时我们又注定觉得信息不足。这就是文艺复兴时代和今天的差别。互联网、脸书、领英、电视、报纸……我不可能是文艺复兴人；没人会是那样的人。太晚了。文艺复兴时代不一样。那帮幸运的家伙！

哈夫纳：那么，今天您可以做什么样的人？

鲍　曼：你可能希望有人会觉得你做的事情有用——生命/生活是有意义的。就我而言，我有点儿绝望。我提出了一些好的想法，但它们没有在世界上留下任何痕迹。

哈夫纳：恕我直言，这可不由您说了算。在知识分子生活中，有一些趋势，并且，就对您的作品的欣赏而言，也有一些积极的迹象。在 1989 年的事件之后，您的同胞斯坦尼斯瓦夫·莱姆也有过您刚才描述的那种感觉。身为享誉全球的作家，在波兰却不再有人对他感兴趣了。然而，在波兰经历了原始资本主义清醒过来之后，每个人又都想去朝拜这位克拉科夫的智者了。您熟悉他的作品吗？

鲍　曼：当然，我有他的波兰语作品集。莱姆独一无二，他既是一位真正深刻的科学家，又是一位非常深刻的哲学家。这样的结合是罕见的。他也是一位非常好的作家。

哈夫纳：且极具幽默感。

鲍　曼：无与伦比。在我看来，唯一可以与之相提并论的是翁贝托·艾柯。他也集各种才华于一身。

哈夫纳：莱姆曾说，翁贝托·艾柯能为创作他的小说《玫瑰的名字》而借鉴一部中世纪百科全书；而他，莱姆，则必须亲自为他幻想的未来主义小说写所有的百科全书。当然，这句话背后暗含一些恶趣味：他这么说是在暗示自己的天才。

他知道自己是谁。

鲍　曼：翁贝托·艾柯也做过同样的事情——
关于超现实，伪造的权利。他很了不起，是一部
行走的百科全书。他的每一篇短文都以一种极具
个人特色的组合方式呈现了数量惊人的知识。

哈夫纳：您也一样。

鲍　曼：不。和像莱姆或艾柯那样的人比，
我非常肤浅。我的预期也不高。我很乐意相信，
我的写作和思想产生了影响。

哈夫纳：您还在做研究，但您不再教学了。
您怀念教书的时候吗？

鲍　曼：学生让我时刻警惕。他们渴望学习，
会反驳我、刺激我继续前进。他们会提出一个问
题；我会给出一种解释，然后他们就满足了。但
在给出解释的时候，我会认识到，我自己也不理
解那个问题。和学生互动是我工作必不可少的一
个部分。没有它，我就无法清晰地表述一些东西，

阐明一个问题。现在，我不再有正式的学生，但我还在接受质疑，在质疑中发现自己理解的局限。我的第二任妻子阿莱克桑德拉很有批判意识，这对我来说很有帮助。她是华沙大学的教授，一位很好的社会学家。她的作用相当于一大批学生。

哈夫纳：您过去经常旅行，今天也还在旅行。您与世界各地都有联系，包括俄罗斯、中国、德国、法国。旅行对您来说重要吗？

鲍　曼：我经常旅行可能和我的思考方式——也就是说，在谈话的过程中思考——有关。因为不再有正式的学生来刺激我，所以，我会去做一些客座讲座，这使我能够学习，获得明确或默认的反馈，知道我那些半成品的想法是否美味。这样，我才知道该额外加入什么成分让成品变得可口，以完成烘焙。在讲座之旅归来后，我往往能够更好地投入未来的工作。但因为我日渐衰老的身体的抗议，我拒绝了很多邀请。

哈夫纳：为看风景、为体验一些东西去旅行呢？

鲍　曼：我没有旅游的细胞。我对只为满足自己的好奇心而去某个地方没有兴趣——特别是考虑到我可以在网上参观地球上几乎所有的艺术画廊，而不必把宝贵的时间花在机场这一偏僻之地。

权力与认同

现代性：论被迫非己，或变成别人

哈夫纳：在曾对您的成长有所影响的作者中，有两位不属于您的专业领域——社会学：作家弗兰茨·卡夫卡和心理学家西格蒙德·弗洛伊德。关于今天的人的境况，关于我们的生活，他们可以告诉我们什么？

鲍　曼：这不是一个容易回答的问题。你怎么可能确切地指出今天他们可以教给我们什么呢？对现在的思考，是像他们这样的作家的共同产物。思想一旦被人们普遍接受，它也就死了，因为没人会记得它来自哪里。它也因此成为自明之理。卡夫卡在当时是绝对革命性的；弗洛伊德在当时也是绝对革命性的。当我们在今天想到他们的时候，他们就是正统。思想始于异端，继而化作正统，最终止于迷信。这是历史上一切思想的命运。卡夫卡和弗洛伊德的思想在这一点上是一致的：它们已经成为古希腊意义上的"定见"。它们是人们普遍持有的意见。

哈夫纳：那么，卡夫卡的革命性在哪儿呢？

鲍　曼：他对权力和罪的分析。《审判》和《城堡》是现代性的两大基础文献。在我看来，在对权力的分析上，没人比卡夫卡做得更好。以《审判》为例。一个人被控告，他想知道为什么自己被控告，但他找不出原因。他想提出辩护，但他不知道应该辩护什么。他满怀善意，决心走访一切可能为他提供线索的机构。他徒劳地试图进入法庭。最终，他在不知道因何获罪的情况下被处决了。他的罪就在于被控告。

哈夫纳：在法治国家，刑事诉讼的基本原则是无罪推定：在被证明有罪之前，被告无罪。

鲍　曼：卡夫卡表明情况恰恰相反。因为无罪的个体不会被控告，所以被控告的人一定有罪。因为主人翁约瑟夫·K被认为有罪，所以他变成了一个罪犯。他必须证明自己无罪。但为了做到这点，他需要知道他被指控了什么。而他不知道，也没人告诉他。这是一个悲惨的处境。

哈夫纳：那么在《城堡》中呢？

鲍　曼：小说的主角 K 假设某些高居城堡的人必然是理性的存在，虽然他不认识他们，他们也不认识他。一切都神秘、令人费解、无法触及。K 徒劳地为使自己专业的、私人的存在得到承认而斗争。但他依然相信，城堡里官员的行为是理性的，他可以和他们谈论自己失败的原因。关于 K，卡夫卡着墨甚少，但从文本我们了解到，他很可能是一个受过教育的人。他是一个理性的人——就像马克斯·韦伯会说的那样，一个会为自己的目的选择合适手段，并假设其他人也理性的人。但情况并非如此，这也是他犯的大错——城堡居民的权力确切来说基于这个事实，即他们的行为并不理性。如果他们的行为是理性的，那么他就可以和他们谈判，可能会说服他们，或和他们斗争并取得胜利。但他们是非理性的存在，如果他们的权力是建立在他们的非理性的基础之上的话，那么，这就不可能了。

哈夫纳： 土地测量员 K 甚至都没法进入城堡：该有路的地方没有路，电话线也不起作用。城堡的主人和全能的上帝一样，其审判就像《圣经》说的那样深不可测。[13]

鲍　曼： 政治哲学家和纳粹的桂冠法学家卡尔·施米特在《政治的概念》（我认为这是他最重要的作品）中思考过身为主权者意味着什么。他的想法很大胆：主权者就是世俗的神。和神一样，他既不需要解释自己的决定，也不需要为自己的决定正名。他不欠任何人任何东西。他不争论；他决断。我没法证明，但我认为卡尔·施米特从卡夫卡那里获得了灵感。卡夫卡也说过类似的话，虽然他说得更简洁。[14]

哈夫纳： 西奥多·W. 阿多诺认为卡夫卡是一个有远见的人，他说在《城堡》和《审判》中，卡夫卡以文学的形式预见了纳粹的恐怖，以及普遍而言的极权主义的等级和权力结构。

鲍　曼： 你读过《圣经》吗？

哈夫纳：读过大部分。

鲍　曼：很多人没读过。你记得《约伯记》吗？在《约伯记》中，在一次与人类的罕见对话中，上帝说得很清楚："我问你，你来答。"[1] 上帝拒绝为他做的事给出任何解释。身为上帝，意味着不欠人类任何回答。

哈夫纳：在所有人中，偏偏是一个像施米特那样的天主教徒，把像墨索里尼和希特勒那样的独裁者给神化了。这还是有些奇怪的。

鲍　曼：今天，施米特很受知识精英欢迎，他已经摆脱了作为令人厌恶的纳粹分子的耻辱。曾经人们看不起他，以他为耻，当时大家还没有忘记他的过往。但今天，他的名声又恢复了。

哈夫纳：您为什么觉得西格蒙德·弗洛伊德

---

[1] 出自《约伯记》38：3，和合本译作"我问你，你可以指示我"。

重要？

鲍　曼：和卡夫卡一样，弗洛伊德也已经成为我们的思想——可以说是我们共同的财产——的一部分。我们熟悉诸如无意识、本我、自我和超我那样的概念。对我们关于认同的思考做出巨大贡献的美国哲学家、社会学家和心理学家乔治·赫伯特·米德没用这些术语，但说到底，他在谈到"主我"和"客我"的时候，心里想的还是同一回事。"主我"是我思考的结果，是我真正是的、本真的东西。但我分裂了，因为除这个内部的"主我"，还有外部的"客我"，也就是我周围的人关于我的想法、对我的看法、关于我实际上是什么的信念。我们的生活是一场为"主我"与"客我"之间的和平共处而进行的斗争。这是弗洛伊德讲过的那个故事的另一种讲法。

哈夫纳：米德说个体的认同是通过与其他个体互动来决定的。有多个不同的"客我"，而"主我"的任务是将其综合为一个连贯一致的自我意象。在"流动的"或"转瞬即逝的"现代性中，当前形式的身份认同就与此类互动有关，但更复杂。如今，每个人不只有多个"客我"，还有多个"主我"。您尤其关注这个现象。

鲍　曼：今天，身份认同是一个谈判问题。它的确是流动的。我们并非生来就有一个既定的、永远不会改变的身份认同。而且，我们可以同时有多个身份。在脸书上聊天时，你可以在对话中选择一个特定的身份，而在下一次对话中，你又可以选择另一个身份。你可以随时改变自己的身份，不同的身份时兴时废。"我"和"超我"，或者说"主我"和"客我"之间的互动是我们日常工作的一部分。弗洛伊德为我们理解这个互动奠定了基础。

哈夫纳：在批判当今猖獗的消费主义的语境中，您讨论过身份认同如同时尚配饰的想法。您说，消费社会使人难以幸福，因为它依赖的，就是我们的不幸福。

鲍　曼：在这个语境中，"不幸福"这个词太大了。但每个市场经理都会坚称，他的产品能让消费者满意。如果是真的，我们就不会有消费经济了。如果需求真的得到满足，那就没理由搞产品迭代了。

哈夫纳：1968 年的左翼把这称作"消费主义的恐怖"。消费和消费主义有什么区别？

鲍　曼：消费是个体的特征，消费主义则是社会的特征。在消费主义的社会中，想要、企求和渴望某个东西的能力脱离了个体。它被物化了，这意味着，它变成了个体之外的一种力量。要抵抗这种力量是很难的，或者说是几乎不可能的，因为每个人都受制于它。满足所有商业创造出来的需求的欲望变成一种把社会凝聚为一个整体的瘾。

哈夫纳：具体来说，这意味着什么？

鲍　曼：想理解这点，需要对历史进行考察。

在十九世纪末，许多工匠失去他们的工坊，从而陷入贫困。但新的工厂所有者——正是他们的行动导致了这一发展——又发现很难找到足够的工人。只要每天还有面包吃，他们就不会愿意服从工厂所要求的纪律。现代市场经济的先驱害怕工匠。今天的消费经济畏惧的鬼怪就是传统的消费者，因为传统的消费者满足于她/他购买的产品。而确切地说，与先前的消费形式形成对照的是，消费主义把幸福与欲望数量的增长——而非需求的满足——关联起来。这个增长要求不断快速地用新的东西来满足这些欲望。虽然消费主义社会宣称满足消费者是它的目标，可事实上，得到满足的消费者是它最大的威胁，因为只有它的成员没有得到满足，它才会继续繁荣。营销的主要目标不是创造新的商品，而是创造新的需求。这就是为什么片刻之前还是最新样式，还被广告描绘为欲望对象的产品，突然就会被嘲讽为"过时"的东西。下至五岁大的儿童，就被消费社会朝着不知足的消费者的方向训练了。星期天，他们会和父

母一起，去一个充满有趣的、令人激动的、诱人
的商品的世界中购物。一旦厌倦，他们就会把买
回来的东西扔掉。

哈夫纳：市场不只包括商品，也包括消费者。
就像您说的那样，他们也被商品化了，这又把我
们带回认同问题。

鲍 曼：消费主义文化以这样一种压力为特
征：被迫成为别人，去获得在市场上被人需求的
特性。今天，你不得不营销自己，不得不把自己
设想为商品，设想为能够吸引客户的产品。成熟
的消费主义社会成员本身就是消费品。可矛盾的
是，这种强迫——它强迫你去模仿当前市场销售
者兜售的"值得拥有"的生活方式，并因此而修
正自己的认同——不被认为是外在的压力，反而
被认为是个人自由的表现。

哈夫纳：今天，许多年轻人一心只想靠在
Youtube上发视频或其他一切手段出名。至于还可

以从事什么事业，他们没有具体的想法。这意味着什么？

　　鲍　曼：对他们来说，出名意味着登上成千上万份报纸的头条，或出现在成百万上千万个屏幕上，变成人们谈论的对象，被注意，被需要——就像他们自己想要的光鲜亮丽的杂志上的包包、鞋子和小玩意儿。把自己变成一件人们想要的、可以营销的商品，能增加一个人在竞争中获得最多关注、名声和财富的机会。这就是编织今天的梦想和童话的材料。

　　哈夫纳：根据法国社会学家弗朗索瓦·德·桑格利的说法，身份认同不再是一个根的问题。相反，他用了锚的隐喻。和拔出自己的根、把自己从社会的监护中解放出来不一样，起锚既非不可逆转，也不是什么决定性事件。您不喜欢这种说法，为什么？

　　鲍　曼：只有在我们不再是我们现在所是的情况下，我们才能变成别人，所以我们必须永远抛弃我们先前的自我。因为新的选择源源不断地出现，不久之后，我们就会认为当前的自我过时了，令人不满意，让人不舒服。

哈夫纳：改变我们之所是的能力不也蕴含着解放的力量吗？无论在美国，还是在新西兰，无论过去，还是现在，这仍是人们的箴言：重新发明你自己！

鲍　曼：当然，这一策略并不新鲜：遇到困难，掉头逃跑。人们总试图这么干。不过，新鲜的是，通过从产品目录中选择一个新的自我来逃离自己的欲望。起初向新的地平线迈出的自信脚步，很快就变成强迫性的常规套路。解放性的"你可以变成别人"，变成了强迫性的"你必须变成别人"。这种义务的"必须"感，和人们追求的自由可不像，许多人也因此发起了反叛。

哈夫纳：自由意味着什么？

鲍　曼：自由意味着一个人能够追求自己的

欲望和目标。流动现代性的时代以消费为导向的生活艺术许诺了这个自由，却未能履行承诺。

哈夫纳：这又把我们带回西格蒙德·弗洛伊德，他在《文明及其不满》中谈过自由和安全之间的关系。他写到文明和本能之间的对立。在不放弃一个的情况下满足另一个是不可能的：文明就是对本能的满足的放弃。

鲍　曼：在很多问题上，弗洛伊德是我日常的灵感来源。他把文明定义为一场交易，一场价值交换。对你来说，有两种重要价值。你想同时追求二者，可不幸的是，你不能。你越是追求一个，就越不能得到另一个。1929 年，弗洛伊德写道，这个时代主要的心理痛苦之所以会出现，是因为我们为享受文明提供的更多的安全而牺牲了大量的个人自由。这种安全是指免于各种危险，这些危险包括自然力、以前不可治愈的疾病、拿着刀到处窜的邻人，当然了，也包括我们自己病态的本能。我们的行为变得文明了。就像加拿大社会学家欧文·戈夫曼说的那样，我们发展出了抵抗本能误导的能力。我们不会仅仅因为不喜欢就去攻击别人。我们不会屈服于复仇的欲望。我们展示出一种文明的冷漠，这种态度不只是不关注某人，它发出这样一个信号，即我们不好斗，我们是宽容的。展示冷漠也是文明的一个成就。

哈夫纳：戈夫曼谈到"礼貌性疏忽"（civil inattention）。对理查德·桑内特来说，文明意味着"一个人并没有让自己成为他人的负担"。[15] 不过，在自拍时代，这个美德已经被抛弃了。你不会像弗洛伊德那样担心我们缺乏自由——尤其是在今天，性欲望的满足受到的限制比世纪末的维也纳少很多。

鲍 曼：如果今天坐在这里的是西格蒙德·弗洛伊德而不是我的话，他很可能还会说文明是一场交换，但我想，他会把他的诊断颠倒过来说。他会说，当下的精神痛苦是这个事实的结果，即我们为一个不受保护的自由领域而放弃了太多的安全。我感兴趣的也正是这点。没有这个来自弗洛伊德的灵感，我无法想象我的工作。我所做的，至多是从后续发展的角度来修正他的发现。

哈夫纳： 那么，我们为我们享受的自由牺牲的安全是什么？

鲍　曼： 如今，我们要负责寻找并非我们创造的问题的解决方案。在这点上，我总会回到已故的社会学家乌尔里希·贝克。他说，今天的个体必须用自己的才能和创造力来为社会的问题寻找个体的解决方案。与先前的时代形成对照，这些问题不再是地方性的，产生于巴黎、柏林或华沙，相反，它们是全球性的。我们无处可逃。就像西班牙社会学家曼纽尔·卡斯特说的那样，我们生活在一个"流动空间"。一切都在流动。问题也在流动，它们的原因是超领土的，并且它们不受地方的规则和法律约束。觉得自己受到限制的企业家可以随时跑到别的地方，或把自己的资本转移到另一个地方。

哈夫纳：对雇员来说就不那么对了；他们的流动性没那么高。这就是人们抗议全球化的原因。

鲍　曼：因此在大多数国家，我们都听到了期盼强政府的呼声。人们受够了不受限制的自由，因为这样的自由附带风险。没有风险就没有自由。社会在很大程度上私有化、个体化了。按法律规定，我们都是个体。我们无法摆脱个体的义务；我们被要求承担这些义务。一方面，这是好事。我们能为自己服务，能自己决定成为什么样的人。可另一方面，我们又持续地受挫。我们经常觉得自己不足。这使个体成为孤儿。

哈夫纳：您年轻时是什么情况？

鲍　曼：我小时候，噩梦般的情景是不循规蹈矩。那时的目标是不脱离常轨。今天的噩梦场景则是不够脱离常轨。在整个欧洲，人们都很疲惫，各种不知道从哪里冒出来的新政治运动在做宏大的许诺。和二十世纪七十年代类似，当时人们梦想出现一个强人，解决所有棘手问题。渴望扮演那个角色的候选人提出的计划很简单："相信我，给我权力，我会做需要我做的一切事。"这种政客宣称自己全知全能——就像今天美国的特朗普那样。

哈夫纳：人们企求一个摆平一切、手拉手带你安全走过黑暗森林的父亲。

鲍　曼：关于这个主题，让我给你讲两则虚构的逸事。一则出自亚历山大·索尔仁尼琴的小说《癌症楼》。那本书中有一个有趣的角色——一个住在癌症楼等待一场可能要他命的危险手术的体制内官员。他是楼里唯一一个从不抱怨的人。每天早上，他都会去拿最新版的《真理报》。他读报，了解哪些名字可以提，哪些名字不能提，以及当天的话题是什么。他不为任何事情负责；他是安全的，也不用担心。另一个例子出自苏联电影《宣誓》。这部电影由来自格鲁吉亚的杰出导演米哈依尔·齐阿乌列里执导。它在电影摄影的意义上是一部重要电影，但从政治的角度来看极为卑鄙。在这部电影中，有一位无名的俄罗斯母亲——一个了不起的女人，慈祥可爱——她跑去找斯大林说："瞧，现在我们已经打了几年仗了。人民筋疲力尽。我们这么多人失去了丈夫、孩子、父亲。斯大林同志，是时候结束战争了。"斯大林说："好，妈妈，你是对的。是时候结束战争了。"于是他结束了战争。没有一个社会学家能像这样清楚地描述权力的机制。

哈夫纳：主予主夺；应颂主名。[16]

鲍　曼：为什么战争会持续？因为斯大林认为还不到结束战争的时候。那个女人希望他结束战争，他就结束了战争。这就是全能的本质，对强大领袖的渴望。民主会让那些渴望这种领袖的人感到挫折，不是因为民主意味着自由——那是胡扯——而是因为民主不守它许的诺。政党许诺，上台，然后不能履行承诺。这不是因为它们腐败，而是因为它们没有能力那么做。

哈夫纳：您和哲学社会学家格奥尔格·齐美尔的作品有过深入的对话。齐美尔是他的学科的外人，并在某种意义上，是您的老师。和您一样，他也会使用从人类学到心理学的其他领域的材料。和您一样，他的影响也远远超出了他的学科。

鲍　曼：格奥尔格·齐美尔是社会学家的社会学家。与弗洛伊德和卡夫卡不一样，他并不为更广泛的、受过教育的大众写作。他为那种他认为我们应该做的社会学研究而斗争。我从他那里学会了社会学的艺术。我自己的社会学风格是一种模仿，一种苍白无力的模仿，模仿他的社会学，模仿他切入问题的方式。

哈夫纳：1909 年，齐美尔和费迪南·滕尼斯、马克斯·韦伯、维尔纳·桑巴特一起成立了德国社会学会。一些人批评齐美尔过于折中。

鲍　曼：马克斯·韦伯批评齐美尔没有区分实际的情景和人对该情景的感知——在他看来，这是一个几近于罪行的严重错误。在这点上，我的看法和韦伯截然不同，因为我认为，齐美尔的这一特点恰恰是他最大的长处。他对感知与现实之间的辩证感兴趣。

哈夫纳：康德的革命使这个观念成为我们共同智识遗产的一部分，但将这个观念卓有成效地应用到社会学领域，还是头一遭。

鲍　曼：齐美尔是绝对革命性的。在德语中，有两个名词在被翻译成英语时就变成了同一个词——"经验"（experience）。也就是说，德语有两个词表示"经验"，即"经历"（Erfahrung）和"体验"（Erlebnis）。它们都是"经验"的一个方面，但有很大区别。"经历"是我身上发生的事情。"体验"则是我心中发生的事情——我的感受、感觉，事件带来的情感结果。我的整个社会学就在"经历"和"体验"之间的空间中活动。我很难对说英语的读者解释这件事，因为英语只有一个词来指代它。对德语读者而言，我只要说一句，他们就能理解我的意思。对英语读者来说，我需要用整整一页来解释。

哈夫纳：除卡夫卡、弗洛伊德和齐美尔，还有哪些作者对您产生过重大影响？

鲍　曼：有几个人在我的思想中起重要作用，他们都有自己的风格和内容。我已经提到安东尼奥·葛兰西。他对我的影响，我再怎么强调都不为过。他使我能够体面地告别马克思主义。我的朋友莱谢克·柯拉柯夫斯基就做不到这点。他很可能没有读过葛兰西；我不知道。葛兰西是我知道的最幽默、最有人性的哲学家之一。

哈夫纳：现代的思想家呢？

鲍　曼：被认为是民族学结构主义之父的克洛德·列维-斯特劳斯对我来说尤其重要。在我生命中有一段时间，在二十世纪六十年代后期，我完全被列维-斯特劳斯给迷住了。我从他那里学到了什么？我是非常折中的：只要发现适合自己思想的东西，我就会用。但我不觉得必须全盘接受

一个思想家。我从列维-斯特劳斯那里学到的，是
这样一个想法，即要摆脱那种把文化设想为形体
的意象。与思考文化之间的差异相反，他谈论普
世的方法。他不谈"文化"，而谈"结构"，他也
以结构主义者的身份被载入史册。但事实上，他
丢掉了结构——一个既定的组织、一种对事物的
安排——的概念。他坚持结构化的普世性。对他
来说，结构是一种活动：不是一个形体，而是一
种不确定的、永不停止的活动。没有什么是一旦
定下来就永远不变的；结构也不是僵化、石化、
不变的。确切来说，我也试图这样描述现实、社
会现实和社会现实的动态变化。处在我的研究中
心的是文化，作为一个永不完结的动态过程的
文化。

哈夫纳：葛兰西也这么看。这是他和列维-斯
特劳斯的共同之处。

鲍　曼：嗯，在卡夫卡、弗洛伊德和齐美尔
后面，我会加上安东尼奥·葛兰西和克洛德·列

维-斯特劳斯的名字。但还有很多使我受益良多的非学者、非科学家——他们大多是作家、小说家。米兰·昆德拉说，小说是现代文明最重要的成就。小说的发明是通过传记和历史的统一来完成的。传记和历史在一定程度上是自主的，因为它们都有自己的逻辑模式，但同时，它们也不可能脱离对方而存在。社会学不能忽视其中任何一个。如果——上帝保佑——忽视了其中一个，那么你得到的就只会是"经历"的社会学，或"体验"的心理学。社会学的全部要点就在于结合二者，以展示它们的互动和动态变化。

哈夫纳：您在政治上也很活跃，虽然这里说的政治并非狭义上的政治。身为社会科学家，您不满足于提供对社会的分析。您想展示还有其他选择。对您来说，那才是社会学的要点。

鲍　曼：关于这点，你说得对。你瞧，我已经活了很久，久到过分。这意味着，我亲身经历了社会学中的许多潮流。在我开始从事社会学研究时，美国社会学家塔尔科特·帕森斯是这个领域的独裁者，他决定了社会学要干什么。他最重要的成就是引进了一个观念，一个类似于自由主义保守乌托邦的观念。在帕森斯看来，社会学家的任务，是为管理者服务，帮助他们解决问题，把工作做得更好。怎样防止工人罢工？怎样避免士兵逃跑，防止游击队搞恐怖主义袭击？如此等等。他认为，我们社会学家应该通过消除麻烦制造者，使系统重归平衡。

哈夫纳：那是为统治阶级服务的社会学。

鲍　曼：二十世纪九十年代，一位格外出色的英国社会学家迈克尔·布洛维发出了警告，他说，社会学正在与公共领域失去联系，正在失去法国哲学家和他们的公众之间的那种联系。同时发生的，是社会问题的个体化和私有化。这个过程最终导致了英国社会学家安东尼·吉登斯所谓的"生活政治"。"生活政治"就是当你或我，或任何其他个体都变成了议会、政府和最高法院三者合一时发生的事情：我们每个人都必须用自己的资源、靠自己的发明解决自己遇到的所有问题，即便创造这些问题的不是我们。

社会与责任

团结：为什么每个人都成为其他人的敌人

哈夫纳：从您关于英国劳工运动的第一本书，到您关于后现代伦理问题的讨论，您的关注点从社会阶级转向了个体。看起来，与其说重要的是一个人在社会中占据的位置，不如说是他做了什么不取决于这个位置的事。

鲍　曼：这不只是从阶级到个体的视角转变。我得出的结论是，今天，阶级是数据的产物，而非真实生活的产物。在数据的基础上，你想设定多少阶级都可以。你可以根据收入、教育、生活方式和在社会中享有的尊重与特权——根据可设想的一切标准来给人分类。但这些类别并不反映生活的现实；它们只是安排事物的方式。这个变化，是我们自己通过私有化和个体化的进程引发的。很久以前曾经是社会功能的功能，变成了个体的功能。与此形成对照的是，对马克斯·韦伯——他和当时的几乎所有人一样接受了这样的看法，即社会分阶级——来说，阶级是从生活条件之间的客观相似性的角度来定义的。处境相同的人就属于同一个阶级。

哈夫纳：阶级概念的创始人卡尔·马克思曾在黑格尔的意义上谈论过"自在的阶级"和"自为的阶级"。变成"自为的阶级"意味着发展出阶级意识。

鲍　曼：一个阶级要从"自在的阶级"上升到"自为的阶级"，就必须在政治上活跃。它必须理解，它的所有成员处境相同，有着共同的命运。它必须为改善自己的处境而斗争。今天，这种事情不常有。工会失去了权力，也不再有像罢工那样加强其谈判地位的手段。

哈夫纳：这些变化的后果是什么？

鲍　曼：工会的衰落使集体自卫变得更加困难了。随着福利国家——它能保护人们不受命运和个体的失败的打击——的瓦解，团结的社会基础进一步削弱。现在，为并非自己引起的问题寻找解决方案的重担压到了个体头上。个体要完全靠自己了，但他缺乏解决这些问题的必要工具和资源。如果你不得不频繁地更换工作，你怎么可能表达团结?

哈夫纳：我们是怎样走到这步的?

鲍　曼：五六十年前，资本和劳工之间的关系的经典模型是福特工厂。福特工厂最重要的特征是，工厂所有者和工人之间相互依赖。汽车工业之都底特律的工人依赖亨利·福特。他们在福特的迪尔伯恩工厂里讨生活，没有福特，他们就没了谋生手段。但福特也依赖他们。没有工人，工厂就没法运转。他们使他变得富裕，变得有权力。即便双方都不谈论这个，都不表达自己的感受，但他们都清楚地知道，他们注定要一起过活，要在一起生活很久。他们知道，他们明天、下个月、下个二十年还会见面。年轻人在菲亚特或标致当学徒时就确定，四五十年后他会在同一家公司退休，也许还会得到一块金表，感谢他几十年来的忠诚服务。

哈夫纳：今天，工人或雇员再也不能指望这样了。

　　鲍　曼：每个人都在担心，他们的小公司可能被大公司吞并，他们的老板可能——无论出于什么原因——会把资本迁往其他国家，迁到某个工人乐于接受两美元的日薪并且永远不会罢工的地方。资本家和劳动者之间不成文的契约被单方面打破了。老板可以想去哪儿就去哪儿，想做什么就做什么，而劳动者和雇员则依然被束缚在一个地方。他们成了"土地的附属品"，就像人们在中世纪时称呼农奴那样——被束缚于土地的人。

　　哈夫纳：但也有外迁的工人，所谓的"经济难民"。

　　鲍　曼：是的，的确。他们可以外迁，可代价呢？他们不得不向蛇头支付高昂的费用，踏上跨越地中海的危险旅途；然后，他们会在边界被拦下来，被关进难民营或再次遣送回去。为子女谋求工作、金钱和更好的教育的穷人还要依赖购买他们劳动的老板，老板却不再依赖他们了。老板会去对自己来说利润最大的地方。后果显而易见：唯一还会时不时罢工的工人，是受雇于国家、有安稳的工作环境和终身合同的工人。他们的工作实际上是终身的。但在一些遥远的国家，劳动市场完全不受管制。没有人会冒险罢工，因为老板不会到谈判桌上寻求双方同意的解决方案。

哈夫纳：这意味着，唯一能够表达团结的人，实际上反而不需要团结。

鲍　曼：和马克思时代不一样，无产阶级不再是"自为的阶级"，因为如今每个人都要为自己负责。工作场所没有产生团结和共同体感，反而出现了相反的东西。其他工人都是潜在的竞争者。每个人都在怀疑别人。每个工人都希望，在下一轮合理化改革、裁员和外包来袭之时，别人会成为受害者，会变得多余，而自己则能够保住工作。这才符合今天的工厂工人的利益；与他人联合对他来说一点好处也没有。因此，别人变成潜在的敌人，这个阶级从"自在"上升到"自为"的机会也变得渺茫。对照来看，在固态现代性的时代，福特主义的工厂无论生产什么商品，同时都在生产团结——一种强加的基于局势逻辑的团结。而今天的工厂，无论生产什么商品，同时都在生产竞争。

哈夫纳：甚至从前安全的中产阶级雇员，现在也害怕沦为孤狼，每天都在担心失业。

鲍　曼：毫无争议，不平等正在抬头。在这点上，形形色色不同流派的经济学家，通过应用各种各样的标准，得出了惊人地相似的结论。新千年伊始，经济增长的收益几乎完全流进了最富有的 1％ 的人——虽然他们的人数实际上还不到 1％——的口袋，而另外 99％ 的人的财富则减少了，或有可能减少。所谓的北方发达国家，出现了自二十世纪二十年代以来不曾出现过的情况。现在，中产阶级变成了不稳定阶级的一部分。中产阶级的成员即便混得不错，其地位也不稳固。不稳定阶级的成员为这样一个永恒的梦魇所困：

一觉醒来发现自己的工作没了。一个人的位置可能随时会毫无预警地消失。我把专注点从阶级转向个体不是因为我改变了自己的看法，而是因为情况变了。

哈夫纳：即便阶级斗争已成明日黄花，政治上的承诺——采取立场支持或反对什么——并没有消失，事实恰恰相反。

鲍　曼：人们投身各种各样的事业——环境的，伦理的，宗教的。对地方问题的兴趣重燃起来了。人们为争取国家对特定事业的补贴而斗争，在这些斗争中，人们互相竞争。有各种各样的冲突和对抗，但它们都无法从阶级的角度来把握。唯一让人想起阶级斗争的抗争是贫富之争。那也是我的新书《怀旧的乌托邦》的主题：英国保守主义政治家和作家本杰明·迪斯雷利曾在他 1845 年的小说《西比尔，或两个民族》（*Sybil, or the Two Nations*）中谈到过的"两个民族"。迪斯雷利的小说中的重要角色，一个名叫沃尔特·杰拉

德的激进工人谈到了这个国家的"两个民族":

> 他们互不交流,也不会同情对方;他们
> 对对方的习惯、思想和感受一无所知,就好
> 像他们生活在不同的区域,或居住在不同的
> 星球;他们接受不同的教育,吃不同的食物,
> 遵守不同的规矩,且不受相同的法律管辖。[17]

换句话说,就像书中另一个角色,查尔斯·
埃格雷蒙特评论的那样:富人和穷人。这个意象
恰好符合一百七十年后今天的我们所处的境况。
但贫富并非阶级,虽然事实上,贫富之争的确可
以从社会的角度来表达;并且,和常见的看法相
反,革命也不是由生活在贫困中的人进行的。(原
本的想法是:)穷人将充当基层人员,而把他们统
一在同一面旗帜——阶级的旗帜——下的想法,
则来自知识界,来自有时间思考的、受过教育的
人。但今天,既没有知识界来提供类似的观念,
也没有人来充当接受观念的基层人员。这就是我

对你关于关注点之转变的问题的回答。我认为社会现实已经变了。

哈夫纳：不久前，人们看起来——至少在西方工业国家——似乎已经战胜了贫困。

鲍　曼：自迪斯雷利的分析以来，人们一直在努力结束贫困，在战后的几十年里，人们相信"两个民族之分"将被消除。体面的工资是贫困的出路。用公共支出来确保充分就业被视为政府的任务，因为单靠经济本身不会起到这样的作用。人们相信"需要政治机关动用政治武器来与贫困斗争"[18]。

哈夫纳：今天要这么做很难，尤其是因为，就像您说的那样，权力和政治已经分开。为什么会这样？这意味着什么？

鲍　曼：半个多世纪前，当我还是学生的时候，民族国家还是最高机构。在其领土内，从各方面来看，民族国家都是主权者——经济上、军事上和文化上都如此。现在情况不再如此。权力已迁移到政治之外：首先，迁移到跨国公司统治的全球空间；其次，迁移到无法通过民主来引导和控制的消费者市场；再次，迁移到公民身上。如今，公民不得不用私人手段而非传统的政治手段来解决社会问题，这也就是所谓的"生活政治"。

哈夫纳： 真正有权力的机构——银行和公司——在全球运作，而政客的影响力依然停留在地方。在缺乏手段的情况下，我们该怎样控制权力？

鲍　曼： 把政治和权力重新结合到一起是二十一世纪最大的挑战。全球化引起或加剧的问题不可能在地方层面上得到解决。只有在全球层面上才行。而要做到这点，政治就必须变得足够有力。

哈夫纳： 可就像您一再重复的那样，政治并没有那样的权力。

鲍　曼：政治是无力的。政客做的决定，苏黎世、布达佩斯或斯德哥尔摩人民做的决定，只在当地的权威范围内有效。实际上，这些都只是地方共同体，和四百年前一样。权力全球化了，政治却一如既往地地方化。决定你和你子女的未来的人，甚至不和你生活在同一个国家。对人的生活状况及前景影响最大的权力在全球的层面上运作。它们在我先前提到的"流动空间"中运作；它们肆意地无视边界、法律和政治实体的利益。相比之下，政治依然停留在"地方空间"。在政治不断失去权力的同时，这些权力也不断地把自己从政治的限制和控制中解放出来。没人敢碰它们。在可见的将来，情况也不会发生任何变化。我们陷入了这样的处境：我们需要用自己所有的私人资源来应对并非我们造成的问题。这是一个由必须自己做决定并为后果负责的个体组成的社会。

哈夫纳：以前会容易些吗？

鲍　曼：我成长于欧洲历史上这样的一个时

期，当时，人们被分成各种政治阵营：左派和右派，自由派和保守派，共产主义者和纳粹。但在这点上，大家是一致的，那就是由一个国家来掌权和实践政治，这个国家有必要的工具和资源来采取有效的行动。

因此，唯一的问题是怎样夺取国家权力以推动你想看到的变革。受二十世纪二三十年代全球经济危机之苦的人是有计划的。无论正确还是错误，他们相信，一个强大的国家能够解决问题。不仅极权主义者——纳粹主义者——相信全能国家，甚至其他人也同样如此，比如说，美国的富兰克林·德拉诺·罗斯福总统搞了新政，西方的民主国家也在"二战"后创造了福利国家来与失业、贫困和饥饿斗争。比较二十世纪三十年代的大萧条和 2007—2008 年的经济危机，差别是显而易见的。在我年轻的时候，我们争论的是需要做什么。今天，主要的问题是谁有能力来做需要做的事情。

哈夫纳：当时，国家、资本和劳工看起来形成了一个铁三角。

鲍　曼：在劳工和资本相互依赖的时期，国家扮演的角色，是为这两个社会伙伴之间的交换过程提供便利。国家觉得自己有义务保存劳动力，以维持它对潜在买家的吸引力。这意味着补贴教育、医疗、住房等。这种责任划分对这三者来说都有利，而如果有人来问他们，他们很可能会像丘吉尔评价民主那样评价这个安排：它是最糟糕的方案，但所有其他方案更糟。但资本和劳工在国家主持下的休战状态很快就被打破了。人们已经指出导致关系破裂的诸多原因，但看起来，首要的原因，当数老板对资本-劳工相互依赖关系的单方面取消。事情的起因是全球化，但国家逐一消除对资本家贪婪的限制，以及放开对受害者防卫能力的框架和构造的管控，也大力支持和助长了这一过程。[19]

哈夫纳：对强国家的信念呢，它发生了什么变化?

鲍 曼:在二十世纪七十年代,国家变得不受欢迎,因为它无法兑现自己的承诺。福利国家也开始没落。它缺乏资源,人民也受够了让国家来决定一切,剥夺他们的自由。通胀率高得吓人;失业率也在上升。战后欧洲是建立在充分就业的基本承诺之上的。这就是政治的实质:我们必须给需要的人工作。有一阵子,事情进行得非常顺利。在 1945—1970 年,社会不平等程度有所下降,而持续的低失业率也被认为是早年的遗留问题。战后的那个时期并非常态。当它结束,当失业率又开始上升、社会不平等再次加剧的时候,国家不再被视为救世主。但当时的情况还不像今天这般严重。寄托于国家的希望没了,但还有替代,还有一种替代意识形态,那就是市场。只要我们释放市场的力量,消除阻碍和管制,从稳定走向流动,奇迹就会发生——人们是这样想的。市场会找到我们的政客无法找到的东西:解决社会问题的确定方案。你还记得玛格丽特·撒切尔、罗纳德·里根吗？像美国经济学家米尔顿·弗里德曼和英国政客基思·约瑟夫那样的新自由主义舆论领袖的声音是主流，而像英国社会学家弗兰克·帕金和美国经济学家、历史学家罗伯特·海尔布隆纳那类对这种新意识形态的固有危险与潜在冲突发出早期预警的人的声音则无人聆听。去管制化、私有化、把一切留给市场看不见的手来处理，一切就会好起来——这就是人们当时的想法。

哈夫纳：最近的金融危机也动摇了这份（对市场的）信任。

鲍　曼：战后的重建、经济的增长、国家主持下的充分就业——从二十世纪四十年代到七十年代这三十年里，一切都很顺利。市场主导的新自由主义意识形态也顺利运作了三十年。我们都被它迷惑了。我们欣然接受邮递员送给我们的每一张新信用卡；我们花上了我们还没赚到的钱。他们把信用卡塞到我们嘴里。就是这么顺利。但当然了，和一切魔法般的解决方案一样，它也有自己的局限。因此，我们的第二个大希望又落空了。2007—2008年信用系统和银行的崩溃，与二十世纪三十年代、七十年代的危机不一样，区别在于：现在，我们既不相信国家，也不相信市场。这就是为什么我把这个时期称作葛兰西意义上——现代意义上——的"过渡时期"。他是这样定义过渡时期的：原来的做事方式全部失效，新的方式却还没有被发明出来。[1] 这就是我们今天的处境。我们知道的只是，国家和市场都没有能力弥补它们自己造成的破坏。它们都需要控制——我们只清楚这点。我们不知道怎样控制它们。不受控制的市场是危险的，而国家又是无能为力的。主要的问题是：谁来做需要做的事？对社会主义

---

[1] 参见葛兰西的《狱中札记》："危机恰恰在于这一事实：旧的正在死去，新的未能诞生；这个过渡时期出现了各种病态的症状（现象）。"见 Antonio Gramsci, *Quaderni del Carcere*, vol. 1, Quaderni 1–5 (Turin: Giulio Einaudi editore, 1977), 311; *Selections from the Prison Notebooks of Antonio Gramsci*, ed., and trans. Quintin Hoare and Geoffrey Nowell-Smith (London: Lawrence & Wishart, 1971), 276。

的乌托邦主义者和各种相互竞争的社会政策方案的支持者来说，这都是一场严重且不断深化的危机。

哈夫纳：但也有对此停滞的持续反叛。

鲍　曼：南非作家 J. M. 库切在他 2008 年的小说《凶年纪事》中写道，传统的选择——"是温顺地任人差遣还是反抗奴役"——被抛弃了，"千千万万的人转而选择"一种他称之为"无为主义"的态度，也就是说，彻底被动，"躲起来"，"在心里流亡"。[20] 我认为，这个倾向源于精英和其他人之间交流的破裂。一方面，是国家政治的话语；另一方面，是普通人的政治。二者相互平行，只在稍纵即逝的时刻相交。愤怒和痛苦会在那些交点上爆发，平日熄灭的政治介入的火花也会在一瞬间燃起。

哈夫纳：我们经常在新闻头条上看到的反全球化运动和占领运动的抗议又是什么情况？

鲍　曼：人们上街，在公园或公共广场坐上几个星期，希望他们能够占领华尔街。每个人都注意到了。唯一没有注意到这件事情的是华尔街。华尔街一切照旧。我们还没有找到任何有效的办法。出于这个原因，我的看法非常不乐观。但话又说回来，我们之前也从未面对过这种情况。历史见证过很多次危机，但之前人们总是相信，如果我们把这个或那个改掉，一切又都会好起来。可这一次我看不出什么是解药，困扰我的就是这个。我们知道自己不想要什么。我们正在逃离行不通的方案，可我们又不知道自己将去往何处。

哈夫纳：可能的起点是？

鲍　曼：美国社会学家本杰明·巴布尔最近出版的一本书很有趣，它的题目颇具挑衅意味，叫作《如果市长统治世界》（*If Mayors Ruled the World*）。巴布尔的想法很简单。必要的变革没法在国家层面或"生活政治"层面进行。诞生于1648年威斯特伐利亚和约的民族国家是争取独立的工具。然而，今天我们的问题是我们都相互依赖，主权领土国家没有能力应对相互依赖的问题。对"生活政治"来说也一样，它把处理社会问题的重负丢给个体。生活政治不能解决全球问题，因为你和我，甚至巨富，都没有必要的资源。

哈夫纳：那谁来救我们？

鲍　曼：巴布尔的回答是：大城市的市长们。如今，地球人口有一半以上在大城市里生活，这种情况在历史上首次出现。在发展中国家，这个数字甚至高达百分之七十。大城市处在国家和个体之间。它们的规模、人口密度和族群混合度正好，这使它们能够协调"社区"和社会。在这里，社会代表匿名的、科层制的联系，而"社区"则代表眼神的交流和合作。城市面临的问题可能是困难的，但这些问题可以在经验的层面上解决。一个城市的居民可以一起达成一个协议。巴布尔希望的就是这个。他没有提出一个良好生活的模型，而是问：实际上谁能做事？他建议建立一个由市长组成的世界议会，其目标不是执行决定，而是交流经验。这应该优先于其他所有问题。

哈夫纳：在您的作品中，您总会回到责任问题：个体对其人类同胞——基督教意义上的"邻人"——的责任和对那些在地理上远离我们、生活却直接受我们影响的人的责任。

鲍　曼：技术从根本上改变了我们施加影响的能力，可我们的道德成熟度还停留在亚当和夏娃的水平。这就是问题所在。我们应该意识到，我们必须在不知道它是什么的情况下，为某个东西负责。我们不能算计它。顺便说一句，这是在进一步发展让-保罗·萨特的想法。他是第一个这么说的人，他认为：在我们生命中的每时每刻，我们都在承担责任，就算不知道自己在为什么承担责任。我们注定有良知，这也是我们生活中的痛苦的来源之一。

哈夫纳：在一个全球化的世界中，我们的责任范围也变得和世界一样广大。

鲍　曼：我们已经处在一个有世界主义特征的情境中了。我们相互关联，相互依赖。物理距离不像过去那样重要。空间也变得和时间相像。在掂量从伦敦到亚的斯亚贝巴有多远时，你想到的不是公里而是小时。飞机要飞七小时二十分。澳大利亚堪培拉大学给我提供社会学教授职位时，我问一个同事堪培拉离悉尼有多远。他的回答是：十美元。这是当时一张机票的价格。我震惊了。他从截然不同的角度思考。我想让他告诉我的是公里数。他甚至没有告诉我要花多长时间。时间不是关键，重要的是钱。虽然我们已经处在一个有世界主义特征的情境中，但我们还没有开始发展世界主义的心态。我们不会从世界主义的角度来思考，而是把事情转化为我们熟悉的概念。要花多少钱，要花几个小时？

哈夫纳：说自己是世界主义者很容易，要做一个真正的世界公民却很难，如果还有可能的话。

做人类公民是什么感觉？说到底，人类公民和城邦——古希腊意义上的城市国家——公民还不一样。

鲍 曼：在被要求定义自己、定义自己的身份认同时，我不认为你会说，"我是人，是人类的一员"。我们还没有开始把握我们所处情境的逻辑。但在人类历史上，不是第一次达到这样的门槛。远古的猎人和采集者在小部落里生活。对他们来说，"人类"概念意味着一个一百五十人左右的群体。[21]这个群体再大就生存不下去了。在没有汽车或自行车甚或马的情况下，群体成员能够收集到的用来维持当天生活的食物的数量是有限的。他们只有一定数量的水果、坚果和野生动物可以吃。随着农业的发明，群体规模变大，新的部落也随之形成。这是在达到通往现代的门槛前的一个决定性发展。从小规模的、面对面的共同体（这个共同体的成员都相互认识）中，又发展出政治学家本尼迪克特·安德森所谓的"想象的共同体"。伴随此发展，人类跨过了一个重要的门槛，因为它涉及从基于日常感官经验的个人认同感向基于抽象概念的认同感的过渡。在数个世纪里逐渐形成的国家就是这种"想象的共同体"。我们因此只属于存在于我们心脑中的事物。我们不曾与同属这个共同体的绝大多数人谋面。他们对我们来说是陌生人，但我们认同他们的命运、他们的观念和他们看待事物的方式。这是人类向前迈出的决定性的一步——用斐迪南·滕尼斯的话来说——从共同体（Gemeinschaft）向社会（Gesellschaft）过渡。

哈夫纳： 您认为今天我们面临着类似的过渡？

鲍　曼： 我们面对的是一个同样艰难的过渡：一个我们必须跨越的门槛，就像我们过去跨越的所有门槛一样。这些过渡是成就。但有一点对过往的所有过渡来说都成立，对向世界主义的心态的过渡来说却不成立。之前的每一次过渡，都是通过反对其他共同体，创造新的归属共同体。因为有德国人和法国人，所有这些公国才组成了德国。"我是德国人"的含义之一便是"我不是法国人"。在巴伐利亚，这引起了一个问题，因为巴伐利亚人不确定自己是德国人还是法国人。但我们面临的过渡没有外部的参照点，没有对立面。人都是人类，概莫能外。

哈夫纳：这就是为什么在科幻小说中，地外物种入侵的母题如此流行：没有什么东西能像共同的敌人那样，把人类团结起来。

鲍　曼：我们正处于一个新的处境，因为人类不仅比国家这一想象共同体大，还是一个不排斥任何一人的共同体。民族国家不管多大都有边界。人类没有边界。作为智人这个物种的一员，每个人都能主张他或她作为这个共同体成员的权利。这就带来了巨大的困难。我不相信在不远的将来人类会统一。目前的趋势恰恰相反。人们害怕全球化的破坏性影响，他们害怕是对的，因为这些影响超出了他们的控制。因此，他们本能地退后，拉起吊桥。无论付出多大代价，无论吃多大的苦，无论遭受多大的侮辱，至少和其他人不一样，你是这个民族国家这一想象共同体的一部分。汉娜·阿伦特提出过这样一个问题：法国大革命、人权与公民权宣言实际上意味着什么？她指出，宣言没有讨论每个人的权利，而是讨论每个身为法国公民的人的权利。没有国家的人没有公民权利。和你我不一样，他们会被关进集中营。我们有这些权利是因为我们是民族国家的公民，民族国家保障其所有公民都能享有这些权利。

哈夫纳：而我们想保卫这些特权。

鲍　曼：这就是问题。我不能说，问题会自己解决。我只是试图思考我们面对的任务的复杂性。是的，一方面，在历史上，人类数次向前迈进。但另一方面，我们又走到了路的尽头。对我们的要求是全新的：说"我是世界公民"，同时抵抗这样的想法，即认为我的公民同胞是外人。我不能再选择他们（自己的同胞）了。每个人都有资格成为人类这个广泛共同体的一员。这种情况是前所未有的。

哈夫纳： 我们都在同一条船上，或者，应该更准确地说，我们都在同一艘"飞船"上，在宇宙中唯一一艘飞船——地球——上。

鲍　曼： 在理论上我们理解这点，但我们还远没有做出相应的行为——还没有像我们真的一起坐在一艘飞船上那样行动。

哈夫纳： 知识分子的任务是坚持朝那个方向移动。就像您在 1987 年的《立法者与阐释者》中解释的那样，在欧洲，法国哲学家、启蒙时代的知识分子曾经是主流的声音。但今天——我们之前也谈到过这点——几乎没有任何政客、企业家或其他权力掮客会听知识分子的话了。

鲍　曼： 这是一个极其重要的问题。当我于不久之后死去——因为我很老了——时，我会死得很不圆满、很不幸福；因为我和一个问题周旋了很久，只为找出一个令人信服的答案，而我没成功。我知道，现在我找不出答案了——我没时间了。问题很简单：怎样使世界变旧为新？这个问题来自《圣经》的《新约》。根据门徒的引述，耶稣在《启示录》中说："看哪，我将一切都更新了。"[22] 我研究过关于这个主题，关于怎样把文字付诸行动的所有作品。所有哲学家都谈过这个，但我找不到一个让我满意的答案。在我的生命历程中，这个问题对我来说变得越来越重要。我认为它现在比以往任何时候都来得迫切。今天，在我生命的尽头，这是我最大的担忧。

哈夫纳： 在您看来，今天，社会学的任务是什么？

鲍 曼： 在这些情况下，社会学也获得了一个新的、极其重要的公共空间，那就是由个体——发现自己面对晦暗不清的地外世界的个体——组成的共同休。我试图解释这背后的机制，理解正在发生的事情。对试图掌控自己生活的个体来说，这是前提。我不是说做到这点你就能掌控自己的

生活了；我不给别人提建议。但你至少应该更有
见识，应该了解现象背后发生的事情。对我来说，
社会学意味着把熟悉的东西变得陌生，将陌生的
东西变得熟悉。这就是社会学的任务。我不认为
社会学处在危机中。我认为现在人们比以往更需
要社会学家——为当前这代人服务的新一代社会
学家。

哈夫纳： 西班牙哲学家何塞·奥尔特加·
伊·加塞特说，"代"这个概念的历史还不到一百
年。今天，它意味着什么？

鲍　曼： 它的出现可追溯到大战带来的灾难
经验，大战把各代人撕裂开了。这场战争导致的
欧洲认同的断裂，使"代"这个概念成为研究社
会和政治分歧最重要的工具之一。"代"是一个客
观的科学范畴，它依据的是主观生活经验之间的
差异。今天，出于各种各样的原因，在"二战"
之后的那代人那里，定义一代人的经验不起作用
了——或者说，只起次要作用了。

哈夫纳：古希腊人不也抱怨过"今天的青年"吗？苏格拉底说他们"不讲礼貌""不尊重长辈""爱在运动场所闲聊"。[23]也许不同代的人比我们通常认为的更相像。

鲍　曼：代际冲突的最早踪迹可见于古代，但这种冲突在现代性中才完全爆发。这是因为现代性带来了这样一种信念，即世界是可以改变的，是可以通过人的干涉来改变的；因为在现代，世界开始以这样的速度改变，以至于一辈子的时间就足以让人发出"过去不一样"的感慨；还因为，现代有了"实然"与"应然"、"昔日的美好时光"与"更好的未来"之分。

哈夫纳：对共同体来说，这意味着什么？

鲍　曼：共同体的观念，被网络的观念取代了。共同体是很难加入的。不是每个人都能变成瑞士人。入籍要走冗长烦琐的程序。离开共同体也不容易。你要花很大心思，才能断绝人的联系。你得想理由，你得谈判。即便你成功了，你也永远不知道会不会有不便，以及如果有，这些不便会在什么时候出现。脸书上的社交网络则不一样。要加入和参与其中很容易，要脱离它也同样容易。"网络"是一种时兴的、描述一个不同于过去的共同体的总体的方式。过去，人在共同体中出生，在里面有一个位置，并且注定一辈子留在里面。在网络中则截然相反。如果我不喜欢，我可以重新设计它。如果我不喜欢某个人，我可以通过不回复或屏蔽他的信息来无视他。只有他们会注意到我对他们的无视，因为网络不会控制我的行为方式。网络甚至不会意识到我的存在。共同体用怀疑的目光看你，注意每一个错误行为，并且可以用一系列手段来制裁或惩罚越轨行为；而网络则缺乏这些选项。它像黏土一样可塑。

哈夫纳：这又会对像社团或利益团体那样的"真实"共同体产生什么样的影响？

鲍　曼：它们正在被这一发展重塑，就像情爱关系正在被网上约会重塑那样。今天几乎不会有任何共同体对全人类提出要求；每个人都有多种从属关系。因此，可以说，随心所欲地切断自己的忠诚，不再被视为对共同体的背叛。今天，几乎只有社会文化阶梯底端的人才会形成一体化的共同体。在那里，和先前时代的普遍状况一样，人的联系对生命来说还有意义。

信念与原教旨主义

世界末日：为什么相信
（一个不存在的）神是重要的

哈夫纳：在《流动的监控》中，您说我们的时代为恐惧所定义。在试图保护我们免于恐惧的同时，社会又生产出更多的恐惧。以前的恐惧——对神、恶魔、地狱、鬼魂、自然的恐惧——不是更糟吗？

鲍　曼：我并不相信今天人们的恐惧更甚于从前，但它们不一样：现在的恐惧更任意、更分散、更模糊。你为一家公司工作了三十年。你受人尊重。突然，一家公司吞并了你的公司，你的公司开始拆卖资产。你被解雇了。如果你五十岁了，那你几乎没什么机会再找到新的工作。今天，很多人生活在这样的恐惧之中。它是凭空冒出来的，不可预防。

哈夫纳：过去不一样？

鲍　曼：过去你害怕的是具体的东西。庄稼没长好。你看着天，寻思它是会下雨呢，还是会继续干旱，叫一切枯萎腐烂？孩子得走路去上学，但路上有一片小森林，林子里有狼，所以你得陪

他们过去。甚至在恐惧核战时，人们也还是相信
可以通过造地堡来自保。当然，那很蠢。但这里
的想法是，你还能做点什么。你不绝望。你对自
己说："我是个好人。我会为我的家人造防空洞。"

哈夫纳：但今天，在世界富裕国家的我们活
得比之前的任何人都更长、更安全了。毕竟，我
们面对的风险大大减少了。

鲍　曼：我们必须区分风险的概念和危险的
概念，以便说明我心中的区别。危险是具体的东
西：你知道你怕的是什么，你能采取预防措施。
风险则不是这样。许多思想家已经指出这样一个
矛盾：今天，我们比以往任何时候都更安全了，
但同时我们又无法摆脱不安全感。

哈夫纳：这种感觉推动了一个行业。

鲍　曼：安保行业就是卓越的增长型行业，
是唯一完全不受经济危机影响的行业。这种成功
与关于实际威胁的数据或事实无关。对部署安全

措施、发展安全技术和强化安全机制来说，国际恐怖主义是一个很好的借口。与交通死亡事故相比，国际恐怖主义的受害者的人数少得可笑。有那么多人死在路上，而媒体却避而不谈。

哈夫纳： 每辆车都应该贴上香烟盒上的警告："开车有害你和你周围人的健康。"

鲍　曼： 正是如此！另一方面，生活标准也提高了。在这个世界上，我们再也不需要为每天的面包担忧了。但自金融危机以来，人们还是越来越害怕陷入贫困。现在，整个中产阶级都受市场的起伏影响，并害怕自己的生活标准会永久地下降。更不用说那些失业的工人了。当然，现在的生活标准要比十九世纪高很多，但不知为何，它不再让我们幸福。甚至在享受了满意、快活的白日时光后，许多人在午夜睡去后还是会做噩梦。他们在繁忙的工作日压抑的恶魔在平静的夜晚出没，这时，他们所有的恐惧都浮出水面。

哈夫纳：您说过，抑郁是消费社会特有的心理障碍。

鲍　曼：过去，我们被过多的禁令压迫。我们的神经被罪的恐怖、对被控告违反规则的恐惧挑动。今天，我们苦于可能性的过度。我们害怕不足。这就是抑郁背后的恐惧。

哈夫纳：就算不抑郁，也会执迷于安全。

鲍　曼：在我们开放社会的所有恶魔中，恐惧是隐藏得最深的、最阴险的。我们可能被宠坏了。我们可能看起来很好。但我们感到受到威胁、不安全、焦虑、容易恐慌。这就是为什么我们当下远比之前的大多数社会更执着于安全。关于当下和未来的不确定性引起的恐惧笼罩着我们。今天的恐惧不同于先前时代的恐惧，如今，恐惧的起因，和我们为保护自己免受恐惧的行动不再有关。我们找替代物来释放自己不可管控的过度的存在主义恐惧。我们远离二手烟，不吃高脂食物，避免阳光暴晒和无保护的性行为。〔鲍曼伸手拿烟斗。]你介意我抽烟吗?

哈夫纳:不,完全不。

鲍　曼:你不怕吸二手烟吗?

哈夫纳:不怕。

鲍　曼:我妻子阿莱克桑德拉就受不了。雅妮娜一辈子抽烟——却一点儿问题也没有。可阿莱克桑德拉介意,因为她从不抽烟。

哈夫纳:您也抽香烟吗?

鲍　曼:我不得不抽,因为抽烟斗要花工夫。抽香烟要简单得多。我坐在电脑面前,写点什么——你很可能知道这感觉——突然,在句子写到一半的时候,我不知道该怎么写、该如何收尾了。

哈夫纳:于是您就去点烟。

鲍　曼:香烟对(帮助写稿)没什么用,因为几口就抽完了。抽烟斗是件严肃的事：你得洗烟斗，装烟丝，点烟，抽了再点，点了再抽，直到把烟丝抽完。这么一套操作下来，我也就想到了句子的结尾——就像那样。

哈夫纳：转折点是什么？老式的恐惧何时让位于新的恐惧，比如说，对二手烟的恐惧？

鲍　曼：当去管制化和个体化扯断——或至少是大大弱化——传统的共同体纽带，扯断那些自古以来就存在、看起来似乎将永远存在的亲戚与邻居之间的纽带时，现代特有的那些恐惧就出现了。随着共同体的解体，恐惧也被个体化了。今天，无处不在的不安全感使每个人都要独自面对自己的恐惧。

哈夫纳：在讨论伦理问题时，您经常提到宗教。您会触及其他人通常会留给神学家来处理的主题：邪恶、道德责任、长久关系的价值、自我牺牲、手足之情、死亡。有时，您似乎是一位隐秘的神学家。

鲍 曼：我得承认，我本人不信教。但在我的生命历程中，我逐渐看到了宗教的重要性，信仰和超然存在的意义。我认为，没有宗教，人性是不可设想的。我们不可能都是圣人，可如果我们之中没有神圣的人，那我们甚至连人都不是。他们为我们指明方向。他们向我们展示，超越之路对我们来说是一种可能性。在我们拒绝承认那条路、拒绝走那条路的时候，他们刺痛我们的良知。其实我们也都在指望某种大于我们的东西。如果它不是神，那它就是别的什么——对利润的追求，对金钱的崇拜，或是如今被我们拜为神物的技术。

哈夫纳：除伊斯兰和基督教中的原教旨主义运动，还有更广泛的宗教复兴吗？

鲍 曼：在西方世界，我们正在见证的不是宗教的复兴，而是灵性（spirituality）的复兴。人们不是涌回教会，而是转向内在，转向某种超越日常生活和日常忧虑的东西。你读过我最近出版的两本小书，就是我和斯坦尼斯瓦夫·奥比雷克（Stanisław Obirek）的两次谈话吗？

哈夫纳：我有您床头柜上的那本《论世界和我们自己》（*On the World and Ourselves*）。

鲍　曼：另一本是《论神与人》（*Of God and Man*）。斯坦尼斯瓦夫·奥比雷克是个聪明人，非常博学。他曾经是一名耶稣会士和执业神父。如今他不再是了，但他依然是一名真诚的天主教徒。他离开了制度，但没有放弃理念。这是我们的共同之处。我从来不是耶稣会士，但我曾是共产主义者。和他离开教会一样，我也离开了党。我依然忠于我的道德原则和社会主义理念。

哈夫纳：在《论世界和我们自己》中，您谈到了这些转变、这些过渡仪式。斯坦尼斯瓦夫·奥比雷克曾批评波兰的罗马天主教会，并受到了禁言一年的惩罚。然后他就离开了耶稣会。和他不一样，您不信教，但您认为宗教不可或缺。这不矛盾吗？

鲍　曼：我关于宗教的所有想法都落在这一信念上：我相信，神会和人一起消亡。换句话说，我相信没有神的观念，人类是不可设想的。在这点上，我是拾得我已故的朋友莱谢克·柯拉柯夫斯基的牙慧，他说过，神代表人的不足。我们的能力不足以应对我们面临的挑战，我们也不可避免地认识到了这点。这点是显而易见的。但现代性质疑了人的不足。它宣称，科学和技术将使我们能够克服自己的缺陷。它声称，不足只是暂时的，并非人性的基本特征：我们只是还没有抵达培根所说的"所罗门学院"而已。如果我们足够努力、花足够的时间研究，我们就将抵达那里，并将因此超越那种屈辱感，即人这个物种必有不足。

哈夫纳：今天，很可能只有在硅谷的空想家，以及认为"信仰科学"是好事的人那里才能找到这种信仰：人类可以超越自己，在尘世创造天堂。

鲍　曼：我们不再相信事情会朝着好的方向发展。我们已经过渡到一种新的不足：个体的不足。今天，我们要求个体来解决那些迄今为止一直由政府、国家和共同体解决的问题。换言之，我们期待个体在一个无法改善的世界上寻找一个还能忍受的地方。世界注定要完，但每个个体都必须在这场社会的衰亡中找出自己的解决方案。

哈夫纳：您提到"所罗门学院"，弗朗西斯·培根用这个词来命名他 1627 年《新大西岛》中的研究机构。《新大西岛》浓缩了他对未来发现和知识的看法。是什么，粉碎了人们在创造理想社会和控制自然的可能性上的信念？

鲍　曼：我觉得事情是从 1755 年里斯本的那场大灾难开始的——又是地震，又是大火，再加上海啸——三场灾难合而为一。它是欧洲历史上最具毁灭性的自然灾难之一。它给欧洲知识界留下了深刻的印象，因为里斯本是文明和启蒙的中心之一。它表明，自然并不服从我们的道德原则。不幸同时降临在好人和恶人头上。它不可能是神对罪的回应，因为罪人和无辜者都意外、随机地被杀死了。不过，我们还是明确做出了要把世界置于人的管理之下的决定。我们不能指望神来管好世界，因为他的造物——自然——是盲目的。我们不能信任他。我们必须把事情掌握在自己手中，在科学和技术的帮助下，我们将控制一切。目前，人依然不足，有缺陷，但改变只是时间问题。人们就是这样想的。

哈夫纳：自然的破坏力和巨大潜力使所谓的"原始文化"到神那里寻求保护和帮助。比如说，祈雨舞——意在求雨保收成的仪式——在古埃及人、美洲原住民和迟至二十世纪的巴尔干人那里都很普遍。

鲍　曼：人们意识到他们没法控制自然。他们相信更高的力量，他们带着那个更高的力量会宽恕和保护他们的目的祈祷献祭。他们感觉到自己的不足，并且知道，身为人，他们没有力量预防灾难、只通过自己的努力来保住好日子。但今天，在二十世纪，我们对个人不足的感觉是不同的。它不一定会引出宗教。

哈夫纳：可许多人——特别是在现代社会中——还是相信超自然。人们相信各种各样的把戏（hocus-pocus）。

鲍　曼：斯坦尼斯瓦夫·奥比雷克写过一本精彩的书——《我自己的神》（*God of My Own*）。他在书中讨论了这种非制度化宗教的复兴。这种宗教不是以教会为基础，会众共同信仰一神的宗教。在这种宗教中，人们寻找的是个体的神，也就是说，他们自己的神。他们从各种元素中建构出这个神：这个元素来自犹太教的卡巴拉，那个元素来自佛教，还有的来自基督教——来自一切可以为他们提供一种哪怕是虚幻的，能够带来安慰的"避风港"感觉的地方。传统的、以教会为基础的宗教和这种信仰"我自己的神"的宗教都涉及一个神。这是共同点。但从社会实践的角度来看，它们是截然不同的现象。

哈夫纳：传统的宗教涉及共同体，现代的宗教以自我为中心。

鲍　曼：越来越多的人绝望地试图找到某种比自己伟大的东西，但这种东西也要便于使用。因为他们要负责为社会问题寻找个体的解决方案，所以，他们也觉得要负责创造自己的神。他们不期待有人把神放到银盘子上提供给他们。问题不再是每周去一次教堂了。就像美国人会说的那样，它完全不同于以往，完全是另一个问题。不一定非得有宗教，但如果有，它就一定是一种个体的神的宗教。

哈夫纳：原教旨主义兴起的意义何在？原教旨主义号称自己是纯粹的宗教。原教旨主义的某种形式和它声称以其纯粹形式所代表的那种具体宗教之间有何关联？

鲍　曼：我们可以从宗教的角度来看原教旨主义。不同宗教之间存在冲突，单一宗教内部也存在冲突。表面上的宗教复兴，复兴的不是这些大的宗教本身，而是宗派主义。中东正在发生的，是宗教内部的一场争斗。但我不认为宗教应该为我们看到的日趋严重的侵略、交流的崩溃、无望、裂土分疆和暴力负责。宗教建立在人类的不足之上，它被想要克服自己具体的不足的个体和网络当作论据来使用。这就是原教旨主义的核心。

哈夫纳：在我看来，您对宗教问题的介入表明，您本人并非无神论者，但您也不是信徒。您是不可知论者吗？

鲍　曼：我认为我是无神论者，我不相信有个人的神这种事物。但我也相信，对我们的生存来说，神是不可或缺的。我无法想象人在没有神的情况下生活。人是有智力的动物。和动物不一样，人意识到他们的不足——他们缺少某种东西。无论多么大胆，我们都会遭遇极限，并想知道极限背后是什么。

哈夫纳：可这种经验不一定会使人产生信仰。至少在您这里，显然没有。

鲍　曼：客观地说，有两个观念是人不可能把握的：无限和无。你没法想象无，因为如果你想象无，那你就在那个想象的行动中在场了。在想象无的同时不把自己包含进去是不可能的，所以，可以想象的无不是无。想象无超出了我们的概念能力。对无限来说也一样。我们所有的经验都与时间有关。无限不只是某种持续时间特别长的东西；它是无始无终之物。关于大爆炸、无限的开端的想法会引出这样一个问题，那就是，那时存在的是什么。最伟大的宇宙学家可以详细地告诉你，大爆炸后的几秒钟里具体发生了什么……

哈夫纳：关于这个主题，诺奖得主斯蒂芬·温伯格写过一本很好的书——《最初三分钟》……

鲍　曼：但当你问他们之前发生的事情，他们就会陷入沉默。几乎不会有人因为这个问题而发现神，因为关于无限和无的问题原则上属于哲学问题。我能理解一个哲学家为它们彻夜难眠，但我不相信其他人，任何非哲学家，会为它们头疼。我想说的只是，人们会觉得有一种力量，有一个更高的力量，有一个神，是很合理的。这些极限可能以不同的方式出现在不同人面前，但它们总在那里。再说一次：神会死，但人也会随之死去。

哈夫纳：您所说的话是自相矛盾的：您是无神论者，但您也相信人会和神一起死去。

鲍　曼：我不觉得矛盾。人就是这样的。我们有各种重要特征，其中就包括这个事实，即我们的思想和行动不可避免地迫使我们面对自己的不足，而这些不足反过来又让我们相信肯定还有别的、高于我们的东西，一种维系万物的力量。

我是人，并且，因为我是人，我的理解能力是有限的。这个极限表明某种超越它的东西存在。因此，所有时代、所有人都会产生对宗教的需求。我们不需要神父来帮我们生产这个需求。它是自发的。我不觉得这矛盾。

哈夫纳： 您怎么能在认为信仰必不可少的同时，自己又不信神呢？

鲍　曼： 让我借用一个比喻来说明这点。在我们谈话的开端，我说，在我的人生故事中，我不是鸟类学家而是鸟。但在我身为科学家、社会学家的人生故事中恰好相反：在这里，我不是鸟而是鸟类学家。鸟类学家研究鸟，但我从来没有听说过变成鸟类学家的鸟。我研究宗教，试图理解为什么它在整个人类历史进程中从来没有消失过。甚至在最早的原始部落那里，也有某种形式的宗教，人类学家跑遍世界也找不到一个缺乏超自然观念的人类群体。每个时代都有信仰，哪怕形式不一样，哪怕不是每个个体都有。

哈夫纳：人类会像恐龙一样灭绝，这是一种反乌托邦的前景。对大多数人来说，这个想法与神无关，而与那种担忧有关，即我们自己将毁灭这个星球。

鲍　曼：天文学家说我们还有五十亿年。然后太阳会爆发，变成红巨星并最终坍塌为白矮星。但正如我们所知，世界末日可能来得更早。关于全球变暖后果的新闻正变得越来越恐怖。我在某处读到，全球气温上升半个百分点就足以让我们失去食物。德国社会学家和社会心理学家哈拉尔德·韦尔策（Harald Welzer）写过一本有趣的书——《气候战争》（*Climate Wars*）。[24] 他预言在二十一世纪，也就是我们的世纪，人不会因为意识形态的冲突而死，而会因为粮食匮乏和生活条件恶劣而死。地球人口最密集的地区会突然变成人们最难吃饱饭的地方。他说，在世界的大部分地区，气候变化将导致社会政治秩序的崩溃和"没完没了的战争"。

乌托邦与历史

时间旅行: 今天的"彼岸"在哪里

VIII

哈夫纳：今天有无数的反乌托邦，却几乎没有乌托邦。前者描绘地狱图景，后者则追求尘世天堂。大多数乌托邦计划仍是纸上谈兵，但您本人信仰的共产主义对世界产生了空前的影响。

鲍　曼：我在英国的学术生涯中出版的头几部著作中的一本里提过：社会主义的伟大历史成就在于，揭露现状中普遍存在的社会弊病并激发补救行动。没有这样的未来信念，这些弊病就会不受控制地发展、增殖，而社会的道德标准和生活质量，也注定会沦为那种发展趋势的第一个，也许是最令人惋惜的连带受害者。（令人难以置信的是，柏林墙倒塌后西方社会的故事回顾性地证实了这种古老的信念。）那个信息又引出了另一个信念：宣告任何形式的现状是"实现了的理念"这种做法，对其在历史上所起的主要——实际上是最重要的——作用来说，可能是一记丧钟。更长期来看，这样的宣告将不可避免地使这种信念失去那个作用。对当前关于民主的思考来说也一样，因为纯粹的民主也是一个乌托邦，一种尚未建立的理想状况。

哈夫纳： 抛开新自由主义和新保守主义不谈，在某种意义上，这么说也对：关于社会改革的意识形态也已经过时了。

鲍　曼： 的确，但现在离意识形态的终结比以往更远了。现代性基于这样一种信念，即一切都可以通过运用人的能力变得完美。但今天政治的口头禅是：别无选择。西方的掌权者就是这样告诉人民的：一切关于社会秩序的思考都是在浪费时间。根据新的私有化意识形态，这样的思考对美好生活没有任何贡献。干更多的活，赚更多的钱，但别去思考社会，也不要为共同体做任何事——人们就是这样被告知的。铁娘子玛格丽特·撒切尔就曾宣称，没有社会这种东西，只有个体的男人、女人和家庭。

哈夫纳： 对年轻一代来说，别无选择的想法似乎是自然的。

鲍　曼：他们中的许多人已经失去了思考何为良好社会的能力。他们更喜欢思考怎样在这个无序的、不可预测的、让人不舒服的世界中，为自己，为家庭，为他们的亲人找到一个舒适的位置。这不奇怪：我们生活在一个多文化、多中心的世界，一个充满不确定性的世界中。长期规划是没有用的，因为一切都变得如此之快。我们没有能为我们指引方向的"北极星"。良好社会的理念也不再在公共讨论中出现。我们最多只能想到一个不比当前社会糟糕的社会。像唐纳德·特朗普、欧尔班·维克托和玛丽娜·勒庞那样把自己包装为"强大领袖"的政客也不给人民提供选择了。他们声称自己就是另一种人格化的"选择"。

哈夫纳：您用猎场看守人、园丁和猎人的隐喻来描述乌托邦思想的历史发展。前现代对世界的态度是猎场看守人的态度，现代则是园丁的态度。如今，在后现代，猎人的态度成为主流。这种乌托邦式思维方式和先前的现代态度有什么不同?

    鲍　曼：人们考虑的不再是保持和维护。人们不再像过去那样，想要创造美丽的花园。今天，人们只关心装满自己的狩猎包，不在乎猎场的剩余供应。社会历史学家把这个转变称为"个体化"，政客将它包装为"去管制"。和以前的乌托邦不一样，猎人的乌托邦不会给生活注入任何真实的或虚假的意义。它只服务于这样一个目的：把关于生活意义的问题赶出人们的脑袋。

    哈夫纳：这种乌托邦的基础是什么？毕竟，它理应为我们提供希望。

    鲍　曼：在这里，我们面对的是两种相互补充的乌托邦：一是关于自由市场的奇妙复原力的乌托邦，二是关于技术修正的无限能力的乌托邦。它们都支持无政府主义。它们设想了一个有权利但没有义务，并且最重要的是，没有统治者的世界。它们反对一切计划，反对一切延迟满足，反对为未来利益做出牺牲。此处想象的这个世界的自发性使一切关于未来的考虑都变得无意义——唯一值得考虑的，是（怎样）摆脱一切关于未来的考虑，并因此得以在什么也不必考虑的情况下行动。

哈夫纳：即便我们对未来可能是什么样子的问题没法有积极的想法，我们不是至少还能从历史中学习吗？就像西塞罗说的那样，历史是"生活的老师"。

鲍　曼：普遍而言的未来和具体而言的进步越来越让我们沮丧。"Historia magistra vitae est"——历史是生活的老师——的想法也已经沦为这种日渐加重的沮丧的受害者了。大多数人已经发现自己的希望落空了。变化的节奏越来越快，甚至比我年轻很多的人也已经体验到各种各样的挫折了——承诺未能兑现，计划半途而废，希望以破灭告终。在我小时候，在我还是·个孩子，还是一个青少年的时候，人们相信，未来会持续变好。每一年都会变得比上一年更好，我们会从历史中学会避免过去的错误。我们会发展出更好的技术、更好的手段和方式来做正确的事情。我们相信，未来会一路向上，而非向下。

哈夫纳：在古希腊罗马神话中，情况恰恰相反：历史从黄金时代开始，然后一路向下——相继堕落为白银时代和青铜时代，直到迎来他们时代的灾难，即黑铁时代，一种衰落和腐朽的状态。

鲍　曼：随着现代性的开启，人们开始相信，事情会变好，会进入新的黄金时代。他们梦想一个完美的社会。文艺复兴时期的"万能人"（uomo universale，或译为通才）莱昂·巴蒂斯塔·阿尔伯蒂说，完美的社会是这样一种状况，其中，任何进一步的变革都只可能是一种退化。人们认为，从错误中汲取这么多教训，变得如此聪明，发展出如此精致的技术之后，我们终将创造出那种理想状况。完美意味着不可能进一步改进，意味着历史的终结。人们相信，在创造出那个完美社会后，人们终将能够放松下来，收获前几代人努力的成果。今天，没有哪个精神正常的人会这么想了。但也许，我们应该少关注一些我们过去的错误，多关注一些旧日被忽视、被抛弃或干脆被忘记的理念。这些理念可能包含某种比我们今天拥有的更好的东西的种子。

哈夫纳：我们是否至少能对我们目前的困境有所了解？

鲍　曼：我不相信有人能提出一种自洽的理论来解释现在正在发生的事情。我们还在黑暗中摸索。我的新书也不是要准确地描述当下；它不试图捕捉当前的潮流或指出可能的结果。就像我已经提到的那样，它的书名是《怀旧的乌托邦》（*Retrotopia*）——一个由时髦的词"复古"（retro）和"乌托邦"（utopia）这个词组成的合成词。乌托邦总是位于未来，但未来不再迷人。它充满了风险、危险和挑战。它不可预测．不可控制，是一个不确定的时代。我们不知道事情会朝哪个方向发展，所以，我们也不知道应该采取哪些预防措施，或当下我们该做什么。我们已经对进步理念失去了信任；想到进步不再令人振奋，反而会引发焦虑。它也让我焦虑。我可能会跟不上变化。我很可能会变得多余，我的专业也一样。那么多的行业和专业都已经自动化了。现在，汽车工厂几乎没有任何工人。你听过那个关于未来工厂的笑话吗？

哈夫纳：没有。

鲍　曼：在未来的工厂中，将只剩两种活物：人和狗。人的工作是喂狗，狗的工作是确保人什么也不碰。这个笑话捕捉到了一种普遍的感觉。工作一直在消失，取而代之的不是人类竞争者，而是计算机和机器人。也有一些令人担忧的迹象表明，智识劳动也将会自动化。

哈夫纳：您说乌托邦位于未来。那么，您书名中的"怀旧"指的是什么？

鲍　曼：今天，很多人认为稳定和安全的天堂在过去。那是他们渴望的家园。现在，人们在书写过去的乌托邦。但公众没有意识到这个事实，即过去与未来之间的分界线已被抹除。未来和过去之间实际上没有任何差别，没有任何存在意义上的或本体论意义上的差别。很久以前，在我年轻的时候，每个人都说，未来是未知和自由的领域，而过去则是稳定和不自由的领域。

哈夫纳：虽然我们很了解过去发生过什么，但总是还有充足的揣测空间。和关于未来的想法一样，关于过去的想法也或多或少是虚构出来的。

鲍　曼：乔治·奥威尔在《1984》中预言过可以怎样在政治上利用这个事实。在他描述的极权主义国家，"真理部"为控制其臣民的思想而操纵过去。今天，这种操作被称为"历史的政治"或"记忆的政治"，在许多欧洲国家，它已经成为一个普遍现象。我怀疑，在政客那里流行的这个趋势——"历史的政治"——背后，是当下的不安全和未来的不确定。过去是一个巨大的容器，

里面装着各种各样的东西。你可以把碰巧符合你
目的的东西挑出来，把其他的抛到一边。结果，
同一段历史也就有了几十个版本。人们选择性地
利用历史记忆来促进特定的党派利益。这就是我
们今天看到的情况。这正好与利奥波德·冯·兰
克的说法相反。兰克曾说，历史学家应该"直
书"，把一切"按实际发生的那样"写下来。

　　哈夫纳：那是不可能的。

　　鲍　曼：显然，如实写史是不可能的。一切
历史叙事都是选择性的，只能如此。你还记得豪
尔赫·路易斯·博尔赫斯的小说《博闻强记的富
内斯》吗？富内斯从马上摔下来，结果遭受了一
场非常奇怪的折磨。他不能概括，不能做普遍
陈述。

　　哈夫纳：但他记得他生命中的每一个细节。

　　鲍　曼：他不能理解为什么奔跑的狗和坐着
的狗同属一个概念。结果，他没法讲故事，因为

对他来说，讲故事要花费和事件本身一样长的时间。这就是今天的实际情况。在思考未来时，我们只能想象混乱，因为未来包含太多恐怖的可能性，我们无法一一列举。当我们回头看——因此也就有了我所说的"复古"——时，同样如此。有大量的东西可供我们任意取用。任何人，无论出于什么意图，只要沉浸于过去，都会有不一样的收获。在《怀旧的乌托邦》中，我试图按某种顺序来整理这些想法。可那一点儿也不容易。关于这点，若泽·萨拉马戈写得很漂亮。他是我最欣赏的小说家之一，我认为，他也是一位重要的哲学家：他的小说可以当哲学陈述来读。在一则日记中，他描述了一种我也有过的感觉。他写道，回头看——他当时八十六岁——他感到悲伤，因为他未能与其他人分享自己少数的明智的想法。他提出了那些想法，但没人采纳。它们没有产生任何影响。所以他对自己提出一个激进的问题：我们为什么要思考呢？他给出的答案是，就像我们会出汗一样，我们也会思考。对此，我们无能为力。我们忍不住要思考。这也是我思考的理由。我忍不住。它是一种长期的——毕生的——训练：的确，是一种操练。

哈夫纳：您最关注的想法是？

鲍　曼：怎样化语言为行动——这是我无法摆脱的问题。怎样面对日趋严重的不平等——这是我最关心的问题。这是一个非常有趣的现象。

当下与未来

无用之人：谁是现代社会的女巫

哈夫纳：对您来说，时尚作为一个例子，说明了消费社会把我们变成什么。我们变得一无是处，对吗？

鲍　曼：时尚以这样一个想法为中心，即必须迅速抛弃我们购买的一切。我们有还能穿的好衣服，但因为它们过时了，所以，我们羞于穿它们出去见人。在办公室，老板打量着我们，然后咕噜着说："你怎么敢穿这样的衣服出门呢？"孩子穿去年的运动鞋去上学会被嘲笑。时尚给人从众的压力。矛盾的是，那些追求时尚的人又相信自己与众不同。

哈夫纳：消费社会专门致力于生产垃圾。在这方面，时尚还是一个相对无害的例子。一个更加严重的问题是您所说的"'无用之人'的生产"。[25] 为什么您把失业者归类为无用之人？

鲍　曼：因为社会不再使用他们，他们的生命被认为和难民的生命一样毫无价值。这就是全球化、经济进步的结果。随着资本主义在全球大

获全胜，失业人数节节攀升，并将很快到达地球
所能承受的极限。资本市场的每一次扩张，都会
让成千上万甚至数百万人失去他们的土地、他们
的财产、他们的工作和他们的社会安全网。这创
造出一种新的下层阶级，一个由失败的消费者组
成的阶级。社会中不再有他们的一席之地。现在，
废物处理场供不应求；而过去供我们输送剩余劳
动力的地方不复存在，我们不知道该把他们放到
哪里去。长期以来，我们民主的福利国家的成功，
就取决于这种（处理"无用之人"的）可能性。
今天，我们星球上的每一个角落都已经被占据。
这就是当前危机的新颖之处。

哈夫纳：来我们这里寻求庇护的难民又是什
么情况？

鲍　曼：早在 1950 年，官方的统计数据就已
经显示有一百万难民了，他们大多是因为"二战"
而"流离失所的人"。今天，根据联合国的数据，
这个数字上升到了六千五百万。据估计，到 2050

年，将有十亿流亡的难民被分流到临时难民营所在的无人之地。难民、移民、边缘人只会越来越多。

　　哈夫纳：我们怎么知道，这不只是一个暂时的现象？

　　鲍　曼：住进难民营，意味着被逐出世界，被逐出人类。难民不只是剩余，而是多余。回到他们失去的故乡的路被永远地堵住了。住在难民营里的人被剥夺了其身份认同的所有特征，只有一点除外，即他们是难民这个事实。没有国，没有家，没有用途，没有档案文件。被永久地边缘化的他们也处在法律之外。就像法国人类学家米歇尔·阿吉尔（Michel Agier）在他关于全球化时代难民的研究中指出的那样，他们不是处在这个或那个国家的这类或那类法律之外，而是完全处在法律之外。

　　哈夫纳：您说难民营和实验室很像，人们在

里面测试流动的现代性的新的、永远是临时的生
活方式。

鲍　曼：在全球化时代，从集体的角度来看，
寻求庇护者和所谓的经济难民，与新的权力精英、
金融业及大公司——后者实际上是这场戏剧里的
恶人——极其相似。和这种精英一样，他们不受
固定的地点约束。他们飘忽不定，不可预测。

哈夫纳：今天，大多数战争，包括最残酷血
腥的冲突，都是非国家行为体发动的。您说，这
种战争的去管制化是全球化带来的另一个险恶后
果。这些非国家行为体是?

鲍　曼：它们是现代性的后来者。它们认为
得逼迫自己行动起来，为全球问题寻找地方性的
解决方案。结果便是部落战争、屠杀，以及把自
己标榜为自由斗士的劫掠游击军和犯罪团伙。它
们互相杀戮，在吸纳的同时，也消灭过多的人
口——后者大多是没有工作机会、没有未来的年
轻人（在未来，他们找不到一种值得过的生活）。

这是全球问题的偏执的地方性的解决方案之一。简言之，这是穷人的帝国主义。数十万人被赶出自己的家，被杀死，或被逐出自己的国家。也许，在所谓的发展中国家，即这些现代性的后来者的国家，唯一繁荣的产业，便是难民的大规模生产。

哈夫纳：关于这些"现代性生产出来的无用之人"，政府可以或者说应该做些什么？

鲍　曼：政府对全球权力精英无能为力，这就是为什么它们致力于处理其他的高调问题，这样可以让它们看起来还有效。重点是，它们只能在自己的能力范围内行动。政府会支持和助长民众的偏见，因为它们不想直面困扰其选民的那种存在意义上的不确定的真实来源。寻求庇护者扮演了以前留给民间故事或传说中女巫、妖精和鬼的角色。

哈夫纳：您说，在这个发展过程中，民主的福利国家也变成安全国家。这两种国家有什么区别？

鲍　曼：福利国家以基于包容的社会为典范。安全国家则相反，它主要通过惩罚和监禁把人排除到社会之外。因此，安全行业接过了处理无用之人的责任。安全国家的一个要素是营利性的监狱部门——比如说，在美国、英国、加拿大、澳大利亚、智利和南非便是如此。

哈夫纳：如今，在整个欧洲，制定议程的右翼政党加速了这一朝向安全国家的发展。为那些叫嚣"人口过剩"，力图把"避难"和"恐怖"关联到一起的人提供发声平台的媒体也在支持他们。

鲍　曼：激进右翼政党的成功乃基于这样一个可见的事实：移民。一切都可以追溯到这点。为什么会失业？因为移民。为什么我们学校里的教育如此糟糕？因为移民。为什么犯罪率升高？因为移民。只要我们能把他们送回他们来的地方，我们所有的问题都会消失；这是一种幻觉。有比数千——或数百万——移民更重要的原因需要担心。但把一切怪到移民头上是有用的。那是一种心理安慰："我知道困扰我的是什么。我能把自己的恐惧附着到某个东西上。"

哈夫纳：对经济造成的不安全来说，移民起到了避雷针的作用。

鲍　曼：不只如此，移民也起到了疏导其他恐惧的作用。非法移民成了各种威胁的化身，而现代国家承诺会保护自己的国民不受这些威胁侵扰：连环杀手、抢劫犯、跟踪者、乞丐、恋童癖——一切威胁。当然，也包括恐怖分子。对一个其中没有哪个专业或行当确定自己具备长期效用并因此具备长期市场价值的社会来说，移民这个下层阶级极为有用。一切都可以被发泄到这个下层阶级头上。对人们在无力改变的社会状况上不断累积的愤怒来说，它起到了安全阀的作用。今天，人们最恐惧的是人的恶意和作恶的人。

哈夫纳：您描绘了一幅阴郁的未来图景。您

也不觉得现代的技术——比如说网络——有什么
值得喜欢的地方。可它不也有很多好处吗？像阿
拉伯之春那样的运动就成功地使用了社交网络。
它的坏处是？

  鲍　曼： 当你要破坏什么——如推翻政府——
时，它可能是有用的。这类运动的缺陷在于，关
于未来，他们只有模糊的计划。愤怒的人民实际
上和拆迁队一样强大，但他们是否同样有能力建
立新的东西还有待观察。

  哈夫纳： 互联网不仅使全球交流成为可能，
它还改变了我们的交流方式。

  鲍　曼： 今天，我们可以随时联系上某地的
某人。你总能找到坐在电脑面前的人。你永远不
是一个人。但如果你下线，你就会体验到在电脑
面前体验不到的东西。在下班回家路上，你不可
避免地会遇见形形色色的人——看起来不一样、
行为不一样、说不同语言的陌生人。你会意识到，
你周围的人和你不一样。他们看待世界的方式、

他们的想法和你不一样。和他们打交道需要对话。
你会意识到，谈判是一项你必须以某种方式去执
行的重要任务。在网上就不是这样。所有的研究
都表明，通过互联网交流的人会不可避免地趋向
同温层。他们会创造出一个在真实生活中不可能
出现的东西：回声室。你听到的只是你自己的回
声。但与和你说相同的话的人交谈，这不是对话。
我们也可以把它想象成一个镜厅：无论往哪里看，
你都会看到自己的模样。于是，那些把大量时间
花在网上的人开始无视自己朋友圈之外存在的现
实。我能理解这非常舒爽。你会因此感到安全。
你会活在这样的幻觉下：你是对的，别人都是错
的。其他那些人的确存在，但他们不重要。就算
你真在网上和人吵了起来，你也可以简单地退出。
你不需要谈判。在真实生活中，就不那么容易了。
网络这个工具在把全世界的人聚到一起的同时，
也分化了他们。它创造的党派沟壑比真实生活中
的更深、更难桥接。在真实生活中，我们是可以
通过妥协和个人的介入找到共同点的。

哈夫纳：技术进步总会引发社会变革。不过，您说，今天的情况不止于此。为什么？

鲍　曼：因为我们不再只是为了寻找最适合我们的目的的手段而发展技术。相反，我们让可用的技术手段来决定我们的目标。我们不是发展手段来做我们想做的事情。我们只是做手段允许的事情。应该服务我们的东西反倒让我们去服务它们。我们成了奴隶。

哈夫纳：但难道情况不一向如此吗？从发明轮子到人工裂变原子，技术进步一直被用于各种或好或坏的目的。

鲍　曼：问题在于规模。当然，技术一直在影响我们的生活方式，变革经常会遭到批评。在古腾堡发明印刷机的时候就是这样。在受过教育的阶级那里，人们普遍认为这会导致道德败坏。他们抱怨，"人人都将学会阅读"。他们认为，下层阶级不该受教育，因为那会削弱他们的工作意愿。

哈夫纳：但网络也一样啊。它给数不清的来自世界贫困地区的人带来了前所未有的受教育机会。那么您又为何抱怨呢？

鲍　曼：在历史上，技术的发展往往是一小步一小步发生的。有零散的创新，但没有全球规模的、带来革命性影响的、彻底改变整个社会及其生活方式的创新。人们吸收、适应创新，然后把它变成日常生活的一部分。今天不一样了。技术引发的变革是大规模的，且它们表现出特定的极权主义趋势。俄罗斯的寡头之一德米特里·伊茨科夫（Dmitry Itskov）发布了他的"2045 计划"，该研究项目的目标是让人类的大脑变得多余。他正资助研发能像人类一样思考的电子机器。这个计划能否实现，我不敢预测。但有人会这样想这个事实本身就是一件新鲜事。我们的思考第一次受到机器的威胁。

哈夫纳：您坚称未来不可预测。可如果我们要在此时此地该做什么这个问题上做出正确决策，预测未来不是很重要吗？

　　鲍　曼：但预测是不可能的。我最喜欢的例子，是一个如今谢天谢地已经不复存在的学科——苏联学——的故事。在学术史上，苏联学是一个独一无二的学科：一个从来没有被削减过预算的学科。无论苏联学家想设多少个教职、想办多少期刊、想开多少会，他们总能如愿以偿。他们从来不缺经费，因为这个学科关乎生死存亡。政府和商人都不敢插手，因为据了解，苏联学家在追求一个极其重要的实用目标：把人类从毁灭的命运中拯救出来。

　　哈夫纳：那是冷战时期。

　　鲍　曼：一开始一切都很顺利，可接下来发生了什么？尽管开了那么多会，设了那么多教职，办了那么多期刊，但没有一个苏联学家预测到实际上会发生的事情：苏联的和平解体。他们就没有想到那种可能性，因为苏联学家只对两种理论感兴趣：趋同论和相互摧毁论。趋同论假设资本主义者会向共产主义者学习，共产主义者也会向资本主义者学习，两个系统会逐渐趋近。我们最终将达成某种世界共识。另一种理论被称作"MAD"，即"相互确保摧毁"（Mutually Assured Destruction）的缩写。"MAD"是一种"恐怖的平衡"或"核僵持"——双方都是如此地强大，以至于一切战争都将以双方的彻底毁灭而告终。没有一个苏联学家能预测到苏联会解体——没有冲突，而是解体。有一些想象力丰富的作家和自诩的先知偶尔会考虑这种可能性，但苏联学这个学科内没有任何人想到这点。对科学家来说，这种前景就不存在。

哈夫纳：但对一切预测未来的尝试来说，这不一定成立。

鲍　曼：的确成立，且合乎逻辑。莱谢克·柯拉柯夫斯基说得很清楚。他说，未来学是思想史上的最大骗局之一，因为它致力于成为研究某种不但不存在，而且不可能存在的东西的科学。

从定义上说，未来就是还不存在的东西，一旦它
存在了，它就不再是未来而是当下了。研究未来
的科学是不可能存在的：没有研究主题的科学不
可能存在。不是因为我们太过愚蠢、无能或别的
什么，它在原则上就不可能。

哈夫纳：就像他们说的那样，预测是很难的，
特别是预测未来。

　　鲍　曼：当我还在教书的时候，每当考试时
间来临，学生就会开始紧张、焦虑，我总会给他
们布置一个具体的阅读任务作为一种治疗方式，
以分散他们的注意力，帮他们冷静下来。我会推
荐一本二十年前出版的关于未来学的书，那给他
们带来了无尽的欢乐。

　　哈夫纳：可出于本体论的原因，未来不可预
测这个事实，并不会妨碍我们一次又一次地尝试。

　　鲍　曼：人们永远不会放弃这样的尝试。人
总有种冲动——要这么干。和其他许多哲学家一

样，恩斯特·布洛赫也坚信这个事实，即身为人，我们自然地、文化地面向未来。和其他动物不一样，我们能够想象不存在的东西。而且，我们的语言包括"不"这个词，意即——再一次地，和其他动物不一样——我们可以否定实际存在的东西。动物也会互相交流，互相发送信号，但动物的一切交流都受限于当下。我们的语言有未来时态。我们能够得体地，在不糊弄自己的情况下谈论不存在或者所有尚不存在的事物。对人的生活来说，想象力是一个不可或缺的先决条件。也多亏了未来时态，我们才有想象的能力。预测未来的尝试不可能从人的思想中根除。

哈夫纳：哪怕屡测屡错。

鲍　曼：要是我们能接受这点，那就没问题：重要的不是这些努力的结果，而是这些努力本身。在生活中，这些努力极其重要。但要认为这些努力能够得出什么令人满意的结果，那就错了。罗伯特·默顿给了我们两个概念："自证预言"（self-fulfilling prophecy) 和"自毁预言"（self-defeating prophecy）。这些的确都是真实的现象。我们的行为会导致特定结果，并使预言成真或变假。

哈夫纳：这倒是不乏证据：比如说，得名自阿瑟·柯南·道尔的小说《巴斯克维尔的猎犬》的"巴斯克维尔效应"。华裔美国人和日裔美国人在每个月的第四天心脏病发作得特别频繁，因为在他们的文化中，四被认为是一个不吉利的数字——这是自证预言的又一个例子。不过，如果一个政党预言自己在选举中领先并正走向压倒性胜利，那么许多支持者就会因为它看起来胜券在握而不去投票——这就成了一个自毁预言。不过，《圣经》预言的意义完全不一样，不是吗？

鲍　曼：和大学教授不一样，《圣经》里的先知不想自己的预言成真。相反，他们想警示人民。他们想为避免不好的事情而斗争。在预言——哪怕是悲观的预言——成真之时，大学教授会很自豪。那意味着升职有望！

哈夫纳：您对我们的当代社会持强烈批判态度，时不时地可以在您身上看到马克思主义者的影子。

鲍　曼：我从马克思那里学到很多。我依然坚持这一社会主义理念：评判一个社会的标准，在于它能否让最弱势的成员过上体面的生活。

哈夫纳：另一方面，您又是一名悲观主义者。新资本主义的力量如此之大，以至于几乎没有其他选择的余地。这就是您绝望的原因吧？

鲍　曼：我讲课结束后，通常有人会举手问我为何如此悲观。只有在我谈论欧盟的时候，人们才会问我为何如此乐观。乐观主义者和莱布尼茨一样相信，这是"所有可能的世界中最好的世界"。[26]而悲观主义者则害怕乐观主义者是对的。我不属于这两拨人中的任何一拨。还有第三个类别，我认为自己属于这一拨人：心怀希望的那一类人。

哈夫纳：这个类别以何为本？

鲍 曼：在涉及悲观主义和乐观主义的时候，人们持有两种态度。一种是安东尼奥·葛兰西的态度，他说："短期来看，我是悲观主义者；长期来看，我是乐观主义者。"这是非常明智的。问题不可能立马解决，但还有希望。长期来看，总会解决。另一种态度来自牙买加裔英国社会学家斯图亚特·霍尔。他是文化研究之父，一个为文化概念的发展做出巨大贡献的黑人。在我1971年来到英国的时候，人们实际上还不知道文化为何物呢。当时，我还得给系里的同事——而不是给我的学生——解释它说的是什么。在学院的教学中，文化概念是不存在的。但斯图亚特·霍尔给社会学思想引入了文化的元素。他说："我因理智而是悲观主义者，因意志而是乐观主义者。"[27]

哈夫纳：说得真好。这让我想起马丁·路德·金的一句话："即使知道明天世界会毁灭，我还是会种我的苹果树。"

鲍 曼：我不认为乐观主义者和悲观主义者

有多大差别。我只是不相信我们生活在所有可能的世界中最好的那个世界之中，而且，在经历了一切之后，我从未对另一种选择失去信心，从未对存在更好的、更正义的世界的可能性失去信心。因此，我既不是乐观主义者，也不是悲观主义者。我认为自己是一个"心怀希望的人"。

哈夫纳：在她关于战后波兰的回忆录中，雅妮娜写道，您经历过几个绝望时期：1953 年，您的军旅生涯突然结束；1968 年，您在反犹清洗中失去了华沙大学的教职；然后，在第一次移民英国，身处伦敦和利兹时，您觉得自己非常孤单。但雅妮娜也写道，您有"一种罕见的天赋，能化阴郁为光明，把小的不幸变成永远难忘的幸福时刻"。[28]这种能力来自哪里？

鲍　曼："化阴郁为光明"的罕见天赋——好吧，那是雅妮娜的看法。那是她在她的书里写的。我认为她的意思是，对我来说，某件事情没做成这个事实并不证明这件事情不可能。你得继续尝

试。你会犯错。下一次，加上一点儿运气，你会
做得更好，那就更好了。化阴郁为光明的天赋？
好吧，我可不想放弃希望。

哈夫纳：您父母也如此吗？您母亲，还是您
父亲具有这种气质？

鲍　曼：我父亲是个妙人。我珍惜关于他的
记忆，原因有两个。首先，他极其诚实——我会
说，过于真诚了。因为他的诚实，我们在逃出波
兹南时差点丢了命。因德国人的轰炸，我们乘坐
的那趟火车在一个车站迫停，他在找到警卫、付
清车费后才带着我们逃跑。其次，他是一个无私
的人，从不考虑自身利益。他把所有心思都放在
家庭上，尽其所能地确保我们幸福。他能做的不
多——一是因为当时的处境，二是因为他与周围
环境格格不入的性格。他是天生的思想者。他只
有在夜里才会高兴。我不知道他为什么会那样。
他下班回家，但在九点，在妻儿都上床睡觉的时
候，他会点起蜡烛看书。然而，无论从中得到什

么好处，他都为照顾家人而牺牲了自己。我认为他并没心怀什么希望。他有一种非常深刻的责任感，那种责任感维持着他的生活。

哈夫纳：和他一样，您不绝望，即便在您有一切理由绝望的时候。

鲍　曼：别忘了，雅妮娜一生中有比我更多的理由绝望。我从来没有在犹太区生活过。她有。我满打满算只在纳粹统治下生活过两个星期。后来，唯一一次正面遇到纳粹时，我手里还有枪。我从来没有体验过一个知道自己注定要被毁灭的人的绝望。雅妮娜经历过。她才了不起。1939—1945年，她无数次与死亡迎头相撞。在阅读她关于那些恐怖年代的回忆录《晨冬：华沙犹太区一名少女的生活》(*Winter in the Morning: A Young Girl's Life in Warsaw Ghetto*) 的时候，你会发现那些直面死亡的时刻……有一次，她和她的母亲、妹妹躲在地窖里。一群德国士兵拿着火把进来，往地窖里照。他们靠得越来越近，直到一名士兵突然大叫：“好了，这里没人。”我从未经历过这样的事。我所有的艰难时刻，都有一个幸福的结局。

哈夫纳： 您对“弱者”，对失败者、社会的弱势群体——特别是那些尽管如此却仍然不断努力的人——情有独钟。这种情感又来自何处？

鲍　曼： 回头看，它出自我对足球俱乐部"波兰华沙人"（Polonia Warszawa）的爱。这段恋情始于1937年，当时，这个俱乐部正在勇敢地为晋级首场联赛而努力。他们成功了，后来他们又在多年来不可战胜的波兰足球冠军罗切霍茹夫队的主场，以4比0击败了对方。差不多同一时间，我读到了两只掉进同一碗牛奶的青蛙的寓言。一只青蛙大叫：“完了！我要淹死了。”然后它就淹死了。另一只则什么也不说，用尽一切精力拼命保持漂浮状态。它用四只脚不停地划水。牛奶逐渐凝成奶酪，这只青蛙也得以踩着奶酪逃出生天。我认为，这两个有哲学意义的事件偶然相遇，影响了我的成长，或者更确切地说，影响了我的生活哲学的发展。对，我对斗志旺盛的弱者情有独钟。在遥远地倾慕"波兰华沙人"十一年后，我才第一次去现场看他们比赛。这个俱乐部慷慨地回报了我的情感投资。多年来，我一直是他们的球迷，"波兰华沙人"也一直在表现不佳和充满希望之间切换。

哈夫纳：您对米歇尔·维勒贝克的欣赏，也符合您的"希望原理"——借用恩斯特·布洛赫的术语——吗？维勒贝克可以说是最致郁的当代作家之一了。

鲍　曼：我喜欢维勒贝克是因为他有敏锐的观察力，有于具体中发现普遍，揭露并推断其内在潜能的天赋，就像在他的《一个岛的可能性》中那样。从叙述流动的现代性下去管制化、碎片化、个体化社会的方面来讲，它是有史以来最有洞察力的反乌托邦小说。他满腹怀疑、全无希望，并且他也为自己的看法提供了很多好的理由。我不完全同意他的立场，但我发现很难反驳他的论证。那是一部可以和奥威尔的《1984》相提并论的反乌托邦小说。奥威尔写的是他那代人的恐惧，而维勒贝克描述的则是如果我们再这样继续下去会发生的事情：孤独、分裂、生活之无意义的最终阶段。

哈夫纳：那么，还有什么有希望？

鲍　曼：维勒贝克对情势的描绘中缺少了某个极其重要的东西。不能只把当下前景的不乐观，怪到政治的无力和个体的无力上，也正因如此，当前的事态并不排除反转的可能。悲观主义是一种被动，因为什么也不能改变，所以什么也不做。但我不被动。我写书、思考，我充满激情地投入。我的职责，是提醒人们注意那些危险并采取相应的行动。

幸福与道德

良好生活：脱掉太紧的鞋意味着什么

哈夫纳：责任概念在您的思考中扮演重要角色。你谈到"为责任而负的责任"。您的意思是？

鲍　曼：我们所做的一切都会对别人的生活产生影响。我们不愿意去想这个。我所说的"为责任负责"就是在道德上承认这个被客观地赋予的责任。

哈夫纳：这是否意味着，在我们所有的决定中，我们都要面对对错、善恶的选择？

鲍　曼：甚至在知道何为善恶之前，在与他人相遇的那一刻，我们就面临这个选择了。我们不可逃避地在存在上就是道德的存在，承担着对我们的人类同胞负责的责任。这个选择使我们陷入一种矛盾的境地。道德的生活是一种持续不确定的生活。要道德就意味着要为自己的责任负责。

哈夫纳：现代性应对这种矛盾心理的方式，与之前的方式有什么不同？

鲍　曼：在前现代，这个重负大多是通过宗教来处理的。为已犯之罪（sin）寻求赦免的行动，反过来减轻了做出错误的决定带来的重负。与此形成对照的是，现代的计划——根据一种理性的规划来改造世界——许诺了一种没有罪的生活。世上不但没有了罪人，也没有了罪本身。罪感（guilt）取代罪。主管这一切的权威，也成了立法机构。

哈夫纳： 现代性伦理和后现代性——或者就像您所说的"流动的现代性"——伦理有什么不同？

鲍 曼： 在传统的伦理中，你必须遵守规则。相形之下，后现代的道德则要求每个人为自己的行为负责。人变成为自己定善恶的无赖。如果人际关系不像现在这样被消费主义左右的话，那倒没什么。

哈夫纳： 丹麦哲学家和神学家努德·罗格斯特鲁普（Knud Løgstrup）和法国-立陶宛哲学家伊

曼纽尔·列维纳斯（Emmanuel Levinas）——这两位伦理思想家都对您的思考产生影响——都论述过道德行动。罗格斯特鲁普说，道德行动的前提是"自发性"，它没有预谋。而对列维纳斯来说，提出人为什么应该道德地行动这个问题本身就意味着道德行动的终结。追问道德的必要性——甚或只是可取性——是错误的吗？

鲍　曼： 那两位是这么说的。道德地行动，为他人着想，绝不谋求什么。道德行动不希望得到好处，受到钦佩或公开的表扬。在涉及道德问题的时候，没有"必须"；道德行动的前提，是个体自由做出决定。一个行动，只有在没有算计过的情况下——作为一种人类行为，它是自发的、不假思索做出的——才是道德的。人可以做对的决定，也可以做错的决定。这种认知，是道德赖以生长的土壤。

哈夫纳： 所以道德不是出自某种义务感。它是内在的。

鲍　曼：列维纳斯说像"为什么我应该道德地行动？""别人为我做了什么？"和"如果别人都不做，那为什么我应该做？"这样的问题标志着道德行动的终结，而非道德行动的开始。罗格斯特鲁普说，即便某条规则叫你去做某件事情——因为它是好的——遵守那条规则也不构成道德行为。道德行动的前提是自由决断。它关乎关爱、为他人着想——关乎不假思索地帮助他人的冲动。在当上奥胡斯大学伦理学和宗教哲学教授之前，努德·罗格斯特鲁普是菲英岛一个小教区的司铎。伊曼纽尔·列维纳斯则在巴黎的索邦大学教书。这两个人从非常不同的起点出发，生活在离对方很远的地方，没读过对方的作品，却发展出相同的想法，这很神奇。在物理学里，这是正常的。物理学家研究物质世界，如果一个人没有发现这个现象，那么迟早会有别人来发现。

哈夫纳：就算爱因斯坦没有提出相对论，也会有别人来提出。在所谓的硬科学中，就是这样的。

 鲍　曼：但在人文学科中，就不是这样了。每一个发现真的就是个体的成就。别人也可能碰巧有此发现，但那不是必然的，不是规律造成的结果。但列维纳斯与罗格斯特鲁普得出了相同的结论。列维纳斯从责任的角度来表达，而罗格斯特鲁普则从"沉默的要求"来说。想法是相通的——只是表达的角度不同。这件事情说来十分有趣。罗格斯特鲁普说耶稣不能发展出一套基督教的伦理学，因为基督教的伦理学只会生产受过教育的循规蹈矩者，而不能塑造道德的个体。道德与遵从某本规则手册无关，它要求对某种未知的、沉默的请求做出反应。解读要求中的信息，是被要求的人的责任。要求并不明确，我们也不一定要回应它。而如果我们做了什么，事后我们也绝对没法确定自己做了需要做的一切。我们甚至不会知道我们做得对不对，或自己是否胜任。道德属于不确定性的领域。这一立场和大多数道德哲学家的看法相反，后者认为道德是确定性的器官。

列维纳斯和罗格斯特鲁普都不抱这样的希望，即
在道德问题上我们能够获得确定性。

哈夫纳：道德是一个重负。

鲍　曼：它不是幸福的良方。它是艰难生活
的法门。道德是一个未完成的过程；它永无止境。
道德的人的自然状态就是持续地不确定。

哈夫纳：这种对伦理的理解和康德不一样。
康德的绝对命令为怎样行动提供了清晰的指南：
"要这样行动，使得你的意志的准则，任何时候都
能同时被看作一个普遍立法的原则。"[29] 这个要求相
对简单。它没有让你陷入绝望和"（做得）永远不
够"的状态的危险。那么列维纳斯和罗格斯特鲁
普的说法，算不算得上是无理的要求？

鲍　曼：我相信不确定性不会对道德产生威
胁。相反，只有在不确定性的沃土上，道德才能
生长。确切来说，正是不确定性引发的孤独，带
来了道德共同体的希望。每个人都要自己想办法，

都必须承担个体的责任。在没有强制的情况下，情境的不确定才会引出正确的决定和错误的决定。没有"决定一定正确"的保障，但有希望。

哈夫纳：关于为什么人会在道德情境中做出特定决定，社会学能告诉我们什么吗？

鲍　曼：在《当光穿透黑暗》（*When Light Pierced the Darkness*）中，波兰社会学家尼查马·泰克（Nechama Tec）研究了在大屠杀中冒生命危险营救犹太人的个体基督徒的动机。让她本人和所有专家感到吃惊的是，她找不到任何在统计数据上显著的、支撑道德行动的因素。帮忙、牺牲的意愿和阶级归属、收入、教育、宗教或政治倾向之间，不存在任何关联。为什么不同的人在相同的情境中会有不同的行为，这依然是一个谜。归根结底，这取决于个性和责任。

哈夫纳：在今天"地球村"的媒体世界中，我们目睹了如此之多不可避免的苦难、饥荒、疾病和死亡，以至于不知道（道德的行动）该从哪里开始。

鲍　曼：哲学家汉斯·约纳斯写过一篇怎样在全球层面上做正确的事情的文章。约纳斯说，如果说，我们一方面有毁灭的先知，另一方面也有乐观主义者——他们相信我们生活在所有可能的世界中最好的那个世界——那么，我们应该相信毁灭的先知。我们不可能知道我们的行动和疏忽的后果，但我们要为它们负责。一个人在柏林做的事情，可能会对孟加拉国的未来产生不可预见的影响。对此时此刻的我们来说也一样。无论做什么，我们都会对尚未出生的子孙后代的生活状况产生重大影响。他们还没有出世，但通过用尽这颗星球的资源，我们已经影响了他们的生活。我们在限制他们的自由。今天，我们的行动带来的影响比以往都要大，远远超出了我们自身。在先前的时代，我们从民族学那里得知，地球的居民带来的变化很小，只会波及直接的当下和眼前的未来。在大约十万年前，针被发明出来了。你知道多久之后才有人想到在针上钻一个洞，以便把一根线穿进去吗？

哈夫纳：不知道。

鲍　曼：三万年前！那是很长一段时间。旧石器时代的猿人也以这样或那样的方式，在不知情的情况下影响了未来。但那没法和我们今天的情况相提并论。

哈夫纳：在您的书《生活的艺术》中，你谈到幸福，一个古代哲学家讨论的题目。在现代性中，幸福已经变成一个被人们追求的东西了。

鲍　曼：那是从 1776 年美国独立宣言开始的。该宣言称"生命权、自由权和追求幸福的权利"是不可让渡的、上帝赋予的人权。当然，人一直偏好幸福而非不幸。进化给了我们追求幸福的动力。否则，我们还会坐在洞穴里，而不是坐在这些舒适的椅子上。但是，我们每个人都有以自己的方式来追求幸福的权利，这个想法是自现

代性出现以来才有的。宣告人都有追求个体幸福
的普遍权利，标志着现代性的起点。

哈夫纳：但要获得幸福，在今天看起来和在
罗马时代，在塞涅卡、卢克莱修、马可·奥勒留
和爱比克泰德的生活哲学的时代一样困难。对您
个人来说，幸福意味着什么？

鲍　曼：在歌德和我差不多大的时候，他被
问到他的一生是否幸福。他回应道："是的，我一
生过得非常幸福，但我想不到我有哪一周是完全
幸福的。"这是一个非常明智的回答。我的感觉也
差不多。在一首诗里，歌德也说过，没有什么比
漫长的晴天更令人压抑的了。[30]幸福的反面[1]不是
生活的艰难和挣扎，而是无聊。如果没有问题要
解决，没有时不时地超出我们自身能力的挑战要
应对，我们就会变得无聊。而无聊，是人类最普

---

[1] 原文是说与幸福处于非此即彼、二选一关系的选项，或者说
　　幸福的替代选项，这里引申译成反面。

遍的痛苦。幸福不是一种状态，而是一个时刻、一个瞬间。在这里，我同意西格蒙德·弗洛伊德的说法。在打败对手的时候，我们会感到幸福。脱掉紧到夹脚的鞋子也会让我们感到轻松和快乐。持续的幸福是可怕的，是一场噩梦。

哈夫纳：英国经济学家理查德·莱亚德在他关于经济学的著作中使用了幸福研究的结果。在他的书《幸福》中，他展示了，收入的增加只能部分地帮助提高我们的幸福感。那么，我们可以做什么来增加我们的幸福感呢？

鲍　曼：努力工作。画家创作艺术品，数学家解出难题，园丁种植植物并欣赏到其开花结果。这就是幸福。你要有所创造。在二十世纪初，美国社会学家托斯丹·凡勃仑引入"劳作人"这个术语来解释做扎实工作的欲望。把工作做好的自豪，完成任务，克服看起来不可逾越的障碍，这些都会让我们幸福。每个人内心深处都有这样的渴望。今天，我们已经失去了自己工作中的快乐感，即把事情做好带来的那种快感。我们随之也失去了自信和享受幸福感的能力。研究表明，对我们的满足感来说，必不可少的东西大约有一半是不可商业化的，因此也是在商店中买不到的。只要我们还把幸福等同于购买许诺幸福的好商品，对幸福的追求就将是无止境的。我们越是接近目标，它也就越是失去吸引我们、让我们幸福的力量，这也就是为什么它必须持续地被替换。

哈夫纳：如果一个人追求的是这种幸福，那么，他首先关注和最关注的还是自己的安乐。但顾及他人的安乐也是可能的。

鲍　曼：对，说到底那才是让我们幸福的东西。但追求自己的幸福和追求他人的幸福并不互斥。自利和利他之间的矛盾是可以解决的。如果你只顾自利，那么你就不需要关心他人的安乐了。但关爱他人也会让你感到自己变得更好。前者是尼采的计划。他追求自利、自我实现和自我改进。

列维纳斯则同样激进地转向他者——转向对他者的关爱，以及为他者着想带来的幸福。

哈夫纳：您说，我们都是生活艺术的专家。什么是生活艺术？

鲍　曼：尝试不可能的事。把自己理解为自己的行动和创造的产物。像画家或雕塑家那样，给自己设定难以完成的任务。追求超出自己目前能力范围的目标。根据高于自己当下能力的标准来评判自己所做的或能做的一切。这一点，我再重复都不为过：不确定性是我们的自然栖息地——哪怕我们追求幸福的背后动力是化不确定为确定的希望。

哈夫纳：您不但提出了一个关于从"固态"现代性到"流动"现代性之转变的理论，还亲身经历了那个转变。年轻的时候，您想要的是什么？

鲍　曼：年轻时，和我的许多同时代人一样，我受到了萨特"谋划生活"观念的影响。为你的生活制订你自己的计划，然后朝那个理想努力，走最短的、最直接的路。一旦决定成为哪种人，你就有了变成那个人的公式可循。对每一种生活而言，你都必须遵从一些规则，必须培养一些性格。在萨特看来，生活就是沿着一条在我们开始旅行之前就已经从头到尾决定好的路线一步一步地向前。

哈夫纳：那相当于基督教的救赎之路的世俗版本。

鲍　曼：是的，和基督教的救赎之路一样，这里的假设是，事物的价值永远不变，一个东西现在有什么价值，未来也会有同样的价值。世界会一直稳定不变。关于你应该培养什么性格、怎样培养这些性格的建议，在你八岁时有效，在你五十岁时也依然有效。在十六或十八岁开始做学徒时，你就知道，四十年后，你会从同一个公司退休，领退休金。这在今天的年轻人看来是荒谬的。他们知道，一切工作都是暂时的，每个人都是被临时雇用的，你一生会换十五到二十份工作。

哈夫纳：就像您提到的那样，二十世纪七十年代发生了一场大变革，战后的经济奇迹或者说黄金三十年——战后重建、社会和平与乐观主义的三十年——结束了。这在资本主义的历史上是一个不同寻常的时期，就像托马斯·皮凯蒂在他的全球畅销书《21世纪资本论》中展示的那样。

鲍　曼：在富裕的北半球，这为信息超负荷、不受约束的去管制化和疯狂的消费主义的美丽新世界扫清了道路，也给世界其他地区带来了绝望和隔绝。带着后见之明来看，我们可以把二十世纪七十年代看作现代历史上一个决定性的转折点。二十世纪七十年代末，人们面对生活挑战的语境已经彻底改变。经受住时间考验的世俗智慧被证明不再有效，久经考验的人生策略也必须彻底修正。

哈夫纳：还有什么是稳定的吗？

鲍　曼：今天，预期寿命不降反升的唯一实体是个体，而政党、政治运动、制度、银行、工厂则都经历着频繁的变化。它们的预期寿命都在锐减。现在，我们倒是稳定的，可我们生活在一个永远变化的环境里。在我看来，这就引出了一种对生活的截然不同的理解。

哈夫纳：您经历过二十世纪的极权主义政体——法西斯主义，然后见证了后共产主义的东欧，现在又生活在英国多文化的后现代资本主义社会。在您看来，什么是良好社会？

鲍　曼：我不再相信有良好社会这样的东西了。良好社会将是这样一个社会，它会对自己说："我们还不够好。"

注　释[1]

1 Isaiah Berlin, *The Hedgehog and the Fox: An Essay on Tolstoy's View of History* (London: Orion Books, 1992), p. 3.

2 这里指的是上文提到的波兰内部安全部队。

3 Janina Bauman, *A Dream of Belonging: My Years in Postwar Poland* (London: Virago, 1988), p. 109.

4 Leszek Kołakowski, 'The Death of Gods', in *Is God Happy? Collected Essays* (New York: Basic Books, 2013), pp. 5 – 19; here, p. 5.

5 Karl Marx, *The Eighteenth Brumaire of Louis Bonaparte* (New York: International Publishers, 1963), p. 32.（中文版译文见马克思：《路易·波拿巴的雾月十八日》，中共中央马克思恩格斯列宁斯大林著作编译局译，人民出版社，2001 年版。——中文版译注）

6 Wiesław Myśliwski, *Ostatnie Rozdanie* [Last deal] (Cracow: Znak, 2013).

7 *Los Angeles Review of Books*, 11 November 2014; https://lareviewofbooks.org/article/disconnecting-acts-interview-zygmunt-bauman-part.

---

[1]　所有注释皆为英文版译者注。偶有中文版译者补充说明，详见每条注释后的括注说明。

8　参见 'Extract from the Speech by Adolf Hitler, January 30, 1939', 可在 www. yadvashem. org/docs/extract-from-hitler-speech. html 查阅。

9　参见 George Orwell, 'Why I Write', 可在 www. orwellfoundation. com/the-orwell-foundation/orwell/essays-and-other-works/why-i-write 查阅。

10　同上。

11　同上。

12　Zygmunt Bauman, *This Is Not a Diary* (Cambridge: Polity, 2012), p. 1.

13　参见 Romans 11：33 (KJV)。(《罗马书》11：33, 和合本译为："深哉! 神丰富的智慧和知识。他的判断何其难测! 他的踪迹何其难寻!"——中文版译注)

14　参见 Carl Schmitt, *Political Theology: Four Chapters on the Concept of Sovereignty* (University of Chicago Press, 2005)。这本书最初出版于 1922 年; 英译依据的是 1934 年的修订版。1970 年, 施米特出版了 *Politische Theologie II: Die Legende von der Erledigung jeder Politischen Theologie* (*Political Theology II: The Myth of the Closure of any Political Theology*, Cambridge: Polity, 2008), 但鲍曼指的显然是战前的那个文本。

15　Richard Sennett, *The Fall of Public Man* (London: Penguin, 2003 [1977]), p. 264.

16　参见 Job 1：21 (KJV)。(和合本译作:"赏赐的是耶和华, 收取的也是耶和华。耶和华的名是应当称颂的。"——中文版译注)

17 Benjamin Disraeli，*Sybil, or the Two Nations* (Oxford University Press，1998)，p. 66；鲍曼在以下这本书中引用：*Retrotopia*（Cambridge：Polity，2017），p. 86。

18 Bauman，*Retrotopia*，p. 88.

19 同上，p. 89。

20 J. M. Coetzee，*Diary of a Bad Year*（London：Vintage，2008），p. 12.

21 *Retrotopia*，pp. 155ff.

22 Revelation 21：5（KJV）.　（译文出自和合本。——中文版译注）

23 实际上，此处引用的这些话不是苏格拉底（或柏拉图）说的，它们出自肯尼斯·约翰·弗里曼。弗里曼在他 1907 年在剑桥大学提交的博士论文中这样总结关于古希腊青年的看法："起诉的罪状是奢侈、不讲礼貌、蔑视权威、不尊重长辈、爱在运动场所闲聊。"很多读者因此产生联想，把这些话错误地归到苏格拉底名下。弗里曼的原文参见 Kenneth John Freeman，*Schools of Hellas: An Essay on the Practice and Theory of Ancient Greek Education from 600 to 300 B. C.*，London：Macmillan，1907，p. 74，关于这个张冠李戴的说法的来龙去脉，参见 https：//quoteinvestigator.com/2010/05/01/misbehave。

24 Harald Welzer，*Climate Wars: Why People Will be Killed in the Twenty-First Century*（Cambridge：Polity，2012）.

25 Zygmunt Bauman，*Wasted Lives: Modernity*

and Its Outcasts (Cambridge: Polity, 2004), p. 5.

26 Gottfried Wilhelm Leibniz, *Theodicy: Essays on the Goodness of God, the Freedom of Man and the Origin of Evil* (Withorn: Anodos Books, 2017), p. 149.

27 这句话经常被归到安东尼奥·葛兰西名下。葛兰西在 1920 年发表于《新秩序》(*L'Ordine Nuovo*) 的《致无政府主义者》("An Address to the Anarchists") 中改写了罗曼·罗兰的名言:"社会主义的革命进步概念以罗曼·罗兰所言的两个基本要素为特征——'理智上的悲观主义,意志上的乐观主义'。"参见 https://libcom.org/history/address-anarchists-antonio-gramsci-1920。这里引用的说法出自葛兰西 1929 年 12 月 19 日的一封信,见 Antonio Gramsci, *Letters from Prison*, New York: Columbia University Press, 1994, p. 299; 亦见 fn. 1, p. 300。斯图亚特·霍尔又反过来改写了葛兰西的格言。

28 Janina Bauman, *A Dream of Belonging: My Years in Postwar Poland* (London: Virago, 1988), p. 165.

29 Immanuel Kant, *Critique of Practical Reason* (Cambridge University Press, 2015), p. 28.

30 'Alles in der Welt läßt sich ertragen, / Nur nicht eine Reihe von schönen Tagen. All things in the world can be withstood / Except a string of days sublime and good'(世界上的一切都能忍受/除了一连串的好日子):Johann Wolfgang Goethe, *Proverbs* (Morrisville: Lulu Press, 2014), p. 21。

部分参考文献

齐格蒙特·鲍曼

Legislators and Interpreters: On Modernity, Post-Modernity and Intellectuals, Cambridge: Polity, 1991.

Modernity and the Holocaust, Ithaca, NY: Cornell University Press, 1989.

Thinking Sociologically: An Introduction for Everyone, Oxford: Basil Blackwell, 1990.

Modernity and Ambivalence, Cambridge: Polity, 1993.

Intimations of Postmodernity, London: Routledge, 1992.

Mortality, Immortality and Other Life Strategies, Cambridge: Polity, 1992.

Postmodern Ethics, Oxford: Basil Blackwell, 1993.

Life in Fragments: Essays in Postmodern Morality, Oxford: Basil Blackwell, 1995.

Alone Again: Ethics After Certainty, London: Demos, 1996.

Postmodernity and its Discontents, Cambridge: Polity, 1997.

Globalization: The Human Consequences, Cambridge: Polity, 1998.

In Search of Politics, Cambridge: Polity, 1999.

Liquid Modernity, Cambridge: Polity, 2000.

Community: Seeking Safety in an Insecure World, Cambridge: Polity, 2000.

Liquid Love: On the Frailty of Human Bonds, Cambridge: Polity, 2003.

Wasted Lives: Modernity and its Outcasts, Cambridge: Polity, 2004.

Liquid Life, Cambridge: Polity, 2005.

Liquid Fear, Cambridge: Polity, 2006.

Liquid Times: Living in an Age of Uncertainty, Cambridge: Polity, 2007.

Consuming Life, Cambridge: Polity, 2007.

The Art of Life, Cambridge: Polity, 2008.

Liquid Surveillance, Zygmunt Bauman and David Lyon, Cambridge: Polity, 2012.

Of God and Man, Zygmunt Bauman and Stanisław Obirek, Cambridge: Polity, 2015.

On the World and Ourselves, Zygmunt Bauman and Stanisław Obirek, Cambridge: Polity, 2015.

Strangers at Our Door, Cambridge: Polity, 2016.

Retrotopia, Cambridge: Polity, 2017.

雅妮娜·鲍曼

Winter in the Morning: A Young Girl's Life in the

Warsaw Ghetto, London: Virago, 1986.

    A Dream of Belonging: My Years in Postwar Poland, London: Virago, 1988.